U0732772

做柔软而有力量的教育

任丽菊 著

世界图书出版公司

上海·西安·北京·广州

图书在版编目(CIP)数据

做柔软而有力量的教育 / 任丽菊著. —上海：上
海世界图书出版公司，2023.3（2024.12重印）
ISBN 978－7－5232－0128－2

Ⅰ.①做… Ⅱ.①任… Ⅲ.①教育工作－研究 Ⅳ.
①G4

中国国家版本馆 CIP 数据核字(2023)第 022391 号

书　　名　做柔软而有力量的教育
　　　　　Zuo Rouruan er You Liliang de Jiaoyu
著　　者　任丽菊
责任编辑　魏丽沪
封面设计　袁　力
装帧设计　南京展望文化发展有限公司
出版发行　上海世界图书出版公司
地　　址　上海市广中路88号9－10楼
邮　　编　200083
网　　址　http://www.wpcsh.com
经　　销　新华书店
印　　刷　江阴金马印刷有限公司
开　　本　890mm×1240mm　1/32
印　　张　7.75
字　　数　187千字
版　　次　2023年3月第1版　2024年12月第3次印刷
书　　号　ISBN 978-7-5232-0128-2/ G·789
定　　价　49.80元

序 言

近年来,为提升教师的课程实施能力,我在学校管理实践中提出了"复盘式研修"的概念,并且强调了"复盘"的三种形态:一是作为研修方式的复盘,旨在总结经验、发现问题、持续改进;二是作为研修特色的复盘,突出常态化实施、制度化展示、成果化宣介;三是作为精神文化的复盘,指向反思立场、反思策略、反思课堂。这一提法和相关实践对学校的教学管理起到了十分积极的作用,我也常常为之感到欣慰与骄傲。直至拿到任丽菊校长《做柔软而有力量的教育》一书的书稿,我才惊讶地发现,当我还在为自己提出的教学管理策略小有建树而自鸣得意的时候,居然有一位校长以学术的态度和文化的自觉,站在更宏阔的视野中,运用复盘的策略对学校整个治理体系进行了全面而深刻的反思,并且实实在在地推动了学校治理体系的现代化进程。此时,我的内心是非常震撼的。关于"复盘",在学者看来,其最大的价值是启动了管理者的自省,觉察到自己的短板,通过快速矫正和优化,提高能力,改变惯有的工作模式①。任丽菊校长深谙此道,并且躬身实践,也由此让学校治理从必然王国走向了自由王国。

① 邱昭良.复盘+:把经验转化为能力:第3版[M].北京:机械工业出版社,2018.

1

任校长是上海市松江区重点引进的高端教育管理人才。到松江一中工作一年后又奉命到一所正处在公民办转型期的民办公助类初中担任校长。两年间，她秉持"新官要理旧账"的理念，迅速熟悉学校相关情况，妥善处理了民办公助类学校历史遗留下来的问题，同时积极谋划学校未来的发展之路，在学校治理、课程教学、教育实验和学校有机更新等诸多方面都取得了不少积极进展，学校办学质量持续攀升。本书是她积25年学习思考和治校功力，认真复盘近两年间主持学校工作的经验而写成的一部著作。全书共分六章，涵盖学校组织变革、培养思路、课程规划、课堂转型、文化塑造和资源利用等方方面面。

本书提出的关键主张是"蓄力教育"，这是该书最富辨识度的核心概念。这一概念源于任校长对学校文化建设的深刻体察。她高度重视学校教育哲学在学校文化建设中的统帅和引领地位，并且把她任职学校的教育哲学定义为"蓄力"和"沉潜"。"蓄力"，即积蓄力量，"沉潜"，即沉下心来，把力量都聚集在一起。"蓄力教育"倡导"春风化雨、润物无声"的教育法则。其具有三个支柱：第一个支柱是大爱感，倡导无条件的爱。有了爱，才会有力量，才能够战胜挫折，为这个社会做贡献；第二个支柱是价值感。一个人觉得自身有价值，有能力解决问题，不会遇到任何问题就说"我不行，我做不到"；第三个支柱是生长感。一个人具备了终身成长的心态，他所做的事情都是为了给自己蓄力，让自己变得更优秀。在任校长看来，蓄力教育是让心灵柔软而有力量的素质教育实践形态，是教师以生命成长的赋能者身份给每一个孩子设计有力的学习经历，使之成为有力量感的人的教育，是他们学校的教育价值观和内涵发展方法论。关于教育哲学，我认为它既是一门用哲学的观点和方法研究教育基本问题的学科，也是一种综合教育学、教育史、心理学及其他教育学科的知识，对教育中的基本问题，用哲学观点给予理论上阐明的方法[①]。李希贵校长坚持"一位聪明的校长，应该尽可能淡化行政的力量，让更多的事情在协商、协调和协作中解决掉"[②]的教育哲学，积极倡导"幸福学校"，取得极大成功。由此看来，本书作者之所以能在两年间打开学校工作的局面，并且创生出一整套学校运行法则，与其在领导学校发展过程中坚持自己的教育哲学，不断追问学校发展的终极目标和办学使命，是有着紧密联系的。

通览全书，还有三点印象特别深刻。

其一，作者对现当代管理思想运用得炉火纯青，善于把握趋势，有效地激发了学校管理的活力。

作者借鉴深化供给侧结构性改革的思路，在做好内部控制、提高风险防御能力、提升学校治理水平和优化教育教学品质上做足了功课。在她看来，"在学校深化供给侧结构改革的过程中，组织内部的不同个体对于事物的认知、逻辑、响应也必然存在着不对等、不平衡、不充分等矛盾，这种矛盾时刻处于动态的变化中，要通过合理的内部控制，达成动态的平衡。所以说内部控制管理是内置于学校组织的日常管理活动之中的一种常规的管理和运行机制，它既是一种制度安排，也是一种管理过程，伴随着学校文化的日益沉淀，更是一种全员的自律行为"。由此，她梳理了内部控制的五大要素，即：控制环

---

① 潘建荣.学校的伦理发展[M].上海：学林出版社,2013.
② 李希贵.李希贵学校管理沉思录[J].人民教育,2011(9).

境、风险评估、内控活动、信息与沟通、监督①。在内部控制环境方面，学校设立了行政协同中心、教学发展中心、学生发展中心和教师发展中心四个职能中心，并充分发挥各部门的职责，相互监督，相互协助。虽然学校管理的最终责任人是管理者，但是学校的内部控制是全员参与的过程。在树立风险管理理念上，通过学校领导层的表率作用、相关培训以及风险导向型的内部控制规章制度，培养教职员工的职业道德、胜任能力和认同感，使提高教育品质与风险防控合璧为双刃剑，合力指向学校育人目标的达成。在优化内部控制活动和监督上，学校通过"三重一大"的统领与结合，采取了不相容职务分离控制、授权审批控制、财务会计及资金支付控制、资产保护控制、全面预算控制、合同管理控制、科学的绩效考核控制等，以业务流程及控制矩阵明确每个控制点的业务目标、风险、责任单位、不相容岗位、记录文档等。在信息与沟通上，通过引进智慧校园、财务管理软件等，采用先进的 ERP 管理信息系统、会计核算系统等，实行信息系统的集中管理。学校运营的重要业务操作都统一在 ERP 系统上，各个环节按相应的业务流程生成线管信息，并传送到数据库进行监控和分析。这样，程序上沟通顺畅，时间节点可视，也减少了人为干预。

其二，作者高度重视学校课程供给、流程再造、文化重塑，善于从整体上把握改革的方向、力度和节奏，实现学校的培养目标。

在本书中，作者围绕"蓄力教育"的办学品牌用大量篇幅阐释了学校的课程理念、课程目标、课程规划和实施策略以及品牌特色。虽然以前对此也略有耳闻，但这些集中呈现的创造性劳动，还是给我极

---

① 李麟.COSO 内部控制整体框架[J].金融会计,2001(3).

强的冲击。我觉察到,这些成果充分体现了作者卓越的课程领导力。所谓课程领导力,一般认为,它是校长领导教师团队创造性实施新课程,全面提高教育质量的能力。在本书中,作者明确提出学校的办学宗旨是培育有力量的学生、造就有力量的教师、建设有力量的学校,也勾画了"努力建设一所有反思改进力、有内涵提升力、有特色聚焦力的学校"的办学愿景,描述了"柔于心、慧于术、强于体、力于行"的毕业生形象。学校围绕培养目标的蓄力课程,从初步架构到课程群升级,也是路径清晰、蹄疾步稳。总体而言,课程以核心素养为导向,基于学生兴趣,建构了人格力、语感力、思维力、审美力、调适力等7 大学群 26 门课程,注重学习方式升级,以跨学科项目化学习的方式,增进高阶思维的培育,促进深度学习的发生。作者的这些努力真正体现了想得明白、说得清楚、做得实在的新课程、新教材实施要求,是不可多得的一个优秀学校实践案例。

其三,作者坚信教育应当回归本原、回归课堂、回归常识,善于运用课题研究这一工具推动学校教育教学变革,确保教育改革始终走在正确的轨道上。

作者承认自己学术上存在一些短板,但这并不妨碍她基于改变现状的需要而进行需求导向的理论学习。在书中我们欣喜地看到,作者通过对"场景"理论的深入研读,比较准确地把握了这一理论的精髓,并结合学校实际进行了一系列应用型研究。她研究政策,觉察到该理论的应用前景;研究校情,发现了该理论的实际指导价值;研究学习过程,感悟到该理论对学习者具有的潜在意义;研究教师,领悟到该理论对教师专业发展可能产生的巨大推动作用。在此基础上,作者率领她的团队着力推进了"全场景教学"流程初建构,即以信息技术优化传统教学,推进信息技术与教学时间纵线——备课、上课、课后的深度融合;建构"全场景教学"范式,即实施融合教学,即把传统课堂教学与网络教学融合为一体;搭建"全场景教学"智慧平台,平台可建设教研服务系统、备课服务系统、在线教学系统、在线学习系统、作业服务系统、在线评价系统等。

我注意到,在这项教学实验中,作者和她的团队十分注重课题研究的全面介入和支持,着力开展了全场景教学的类型探索、全程场景教学的范式建构和"全场景教学"课程指南开发,取得了丰硕的成果。

李政涛教授说过,有人的地方就有教育,有教育的地方就有永恒。接受任校长邀请为她的著作作序,我是鼓足了勇气的。其中起关键作用的,就是我们对教育所怀有的相同的"执念"。我真诚地希望任校长在未来的征程上能够不断取得新的成就!

潘建荣

(上海市松江一中党委书记、校长,上海市特级校长)

2022 年 9 月于上海市松江一中

目 录

第一章　撬动学校发展的杠杆 / 1

雅斯贝尔斯认为："教育的过程首先是一个精神成长过程,然后才成为科学获知过程的一部分。"一个人,一生教育,改变一间教室;一个班,一群孩子,改良一个社会。教育需要的不只是一时的激情,而是一生一世的追求;教育成就的不只是一个个孩子,更是一个时代的辉煌!教育是播种的过程,是蓄势的过程,是生长的过程。播种希望,点燃梦想,蓄力未来。让我们做有生长力的教育,办有生长力的学校。

第二章　做柔软而有力量的人 / 37

积跬步至千里,积小流成江河。沉潜是绚烂的孕育,是高亢的酝酿,是腾飞的蓄势。蝶蛹在厚茧中强大,从而羽化飞翔;企鹅在深水中蓄力,从而腾落地面。昙花用一年默默酝酿,才换来一夜风姿绰约;蝉虫用四年地下修炼,才换来一夏引吭高歌。教育是一种无形的力量,学校是蓄力未来的地方。让师生心无旁骛地提升生命力量,便是学校教育的使命。沉潜蓄力过程是毅力培养过程,也是心气修炼过程;只有在沉潜中学会等待,在蓄力中磨炼意志,我们才能成为有力量的中国人!

第三章　设计有力量的学习经历 / 77

一个人的软实力是指没法用证书考核的能力,比如思维能力、沟通能力、表达能力、领导力、快速学习能力、团队协作能力、性格品质、人格魅力等;硬实力是成长背景、学习经历、技能等级等可以证明的实力。硬实力和软实力的结合即"巧实力"。课程就是生长力、生命力、巧实力的力量积蓄,课程即学习经历,是生命的高瞻,是达成个性的生长。学校课程就是要为每一个孩子设计有力量的学习经历,贡献最伟大的智慧,提供最实在的生长力。

第四章　每一堂课都是生命能量的交换 / 105

课堂是激发生命活力的地方，每一堂课都是生命能量的交换，每一堂课都是精神能量的转换。课堂生成的知识是实践的，而不是无用的；是具身的，而不是离身的；是丰富的，而不是单调的；是联系的，而不是孤立的；是有趣的，而不是无趣的；是真实的，而不是虚假的；是完整的，而不是片面的；是温暖的，而不是冰冷的。如是的知识是"有力量的知识"。

第五章　每一次对话都是为未来助力 / 163

教育是一种力量，教育力量的发挥需要群策群力。教育是让心灵柔软而有力量的实践活动，是教师以生命成长的赋能者身份给每一个孩子设计有力量的学习经历，使之成为有力量感的人的实践活动。为此，我高声宣布：我是一名教师，我宣誓——爱学生，做生命成长的贵人；爱事业，做教育改革的能人；爱学校，做学校发展的主人。我竭力——研精殚思，做有力量的教师；力学笃行，做有力量的教育。

第六章　延展学校教育的边界 / 205

在面向未来的教育中，家庭、学校、社区三方需深度合作，共同探讨学校应以何种文化育人、如何育人等问题。三者形成一股合力，推动课程实施，为非正式学习环境、社会实践等提供多元的技术支持和资源支持。家庭、社区甚至会超越支持者和志愿者等角色，晋升为学校发展的联合决策者，这种更深入、互动性更强的"家庭-学校-社区"关系，不断延展着学校教育的边界，并促使学校更好地服务和反哺于社会。

前 言

学校发展的"幂次法则"

教育世界的每一刻都不会重演,在后现代思潮的影响下,人们越来越习惯于用不确定的眼光看待未来。

写书的过程其实是对实践的复盘。带着敬畏之心,我回顾这25年的教育片段和点滴,以"从0到1"的行动研究路程将其串联起来。

"从0到1"是管理学中的一种方法,通过科研课题("'全场景教学'的常态运行研究")重构学校教育生态的过程,是在延续和变革之间寻求平衡,由要素驱动转向创生驱动,既是学校发展"幂次法则"的行动研究,也是迁移管理学"从0到1"方法的审慎实践。

循序渐进,潜移默化。小幅度地顺势而为是安全前进的最佳道路。做正确的事,进而把事情做正确。管理更多的是人员的调适,合理的人员布局才能做对的事情。在团队建设上,"小青橙"学研组织是"从0到1"法则实施的代表。这群有教育理想、不断追求卓越的年轻人,人数已经由最初的几人扩大到几十人,有了队歌、标志和行动计划。"小青橙"的老师们以慕课为起点,在拓展型课程、研究型课程、课堂样态等方面边学习、边行动,已开发"'蝠'祸相倚""劳动礼乐""红色映画"三个系列的慕课,且课程开发已由1.0版本升级为2.0版本。在项目化学习、信息技术引领的智慧课堂、"小组学习"课堂实践、"全场景"教学的常态化研究、神经科学视野中的"全场景教学"等学校实验项目中留下了他们的身影。

小切口孕育大趋势,比趋势更为重要的是趋势的转向。趋势的转向是决定一个组织及其努力成败的关键。

精简和灵活。教育不能做"试验田",需谨慎设计,在改进中反复实践,从而追求垂直性进步。学校分层教学方面的探索,从严谨地选择一个学年、一个学科着手,按照组织动员(目标整合,学生、家长、教师的认同)—心理调适—层次选择—班级编制—教学方案制定—常规教学管理—教学评价的步骤推进,获得真实、可复制的样本。

纯粹和专注。"从0到1"的方法中融入了经济学的帕累托法则,也叫"80-20法则"①。这个原理是由19世纪末至20世纪初的意大利经济学家兼社会学家维弗雷多·帕累托提出的。它的大意是:在任何特定群体中,重要的因子通常只占少数,而不重要的因子则占多数,因此只要能控制具有重要性的少数因子即能控制全局。学校打造"让心灵柔软而有力量"的品牌文化,就是要使教职员工专注于学校发展的重要的事情,提高精神境界,强化组织的存在价值。

同时,帕累托法则鼓励特殊表现,而非赞美全面的平均努力。学校教职工大会全票通过的"绩效考核办法",助力教师发展的"教师挑战项目",都是学校遵循"幂次法则",凝聚教师在"贡献上寻求价值"的共识所选择性寻找的发展通道。

学校在管理上围绕分布式、矩阵式管理模式运行的"三中心一协同"(行政协同中心、教学发展中心、学生发展中心、教师发展中心)、基于共研共备的"三课一程"(课题、课程、课堂、校本学程)、专注教师专业发展的"三路径一主线"、激活课堂生态的"三场景一平台"等一揽子行动,都在促使学校的活动聚焦于教育本身,协同打造柔软而有力量的教育。

"从0到1"意味着量变进化为质变,是垂直性层级跨越,是基于个体沉淀与学校发展历程上的厚积薄发。复盘更促使我们不囿于已有的成功,把握未来的发展方向,"幂次"延展。

---

① 克里斯·安德森.长尾理论[M].乔江涛,译.北京:中信出版社,2006:12.

2

第一章

撬动学校发展的杠杆

雅斯贝尔斯认为:"教育的过程首先是一个精神成长过程,然后才成为科学获知过程的一部分。"一个人,一生教育,改变一间教室;一个班,一群孩子,改良一个社会。教育需要的不只是一时的激情,而是一生一世的追求;教育成就的不只是一个个孩子,更是一个时代的辉煌!教育是播种的过程,是蓄势的过程,是生长的过程。播种希望,点燃梦想,蓄力未来。让我们做有生长力的教育,办有生长力的学校。

1. 学校的良性运转

运转结构

李希贵说："学校治理结构的重建，是撬动学校发展的杠杆。"[①]为实现组织再造的目标，我们采取了扁平化、分布式的管理，施行基于矩阵管理元素的行动研究。

扁平化是做减法。在组织再造上，就是变直线职能、金字塔式的组织结构为扁平化的结构，减少管理层次，减少多层级带来的延时与歧化，实现学校与教育场景之间的"零距离"，让能够听到炮声的人做指挥官。在人员的再造上，管理人员变成SBU（策略事业单位），每一个人都是独立作战的经营体，卓有成效的管理者充分发挥一线员工的主动性和积极性[②]。

分布式的管理是平衡后的增量，把资源从曾经集中的区域分散开来。分布式管理有两个突出的特点，一是基于重新布局的拆分，由传统的"专权"改变为一致同意，由"交办"变成结合转换，在人的升、降、去、留等问题上所造成的利益与情感的羁绊最小化；二是分布拆分后单体实力增强，再次加和大于原值。以绿皮火车与"和谐号"做类比，绿皮火车的动力系统只有一个，在车头部分，车速相对较慢。

---

① 李希贵.学校如何运转[M].北京：教育科学出版社，2020：11.

② 彼得·德鲁克.卓有成效的管理者[M].许是祥，译.北京：机械工业出版社，2009：IX.

而"和谐号"的动力系统分布在整列车的多个位置,每个动力源的能量都较高,同一方向合力后,整体更是大大提速①。

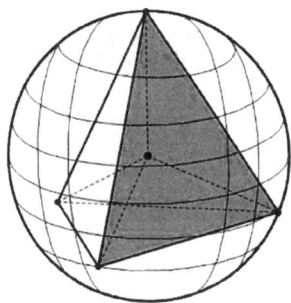

据此,学校设立了球形结构的组织运转模式(见图1-1)。

球的中心部分为学校管理核心。支撑球体的正四面体的四个顶点分别是学校中层的四个中心,即行政协同中心、教学发展中心、教师发展中心和学生发展中心。四个中心彼此协同合作,构成稳定的三角形面和正四面体框架结构。经线和纬线是学校的学年组和教研组,老师和学生平等地分布在球形结构上,与球心等距。正四面体和球体共同构成立体、丰满且同频运转的场景。

图1-1 学校治理结构图

在此结构下,学校设计并推进了"3·1"系统工程——"三课一程"(课题、课程、课堂、校本学程,三课与一程是设计图和施工图的关系)、"三路径一主线"、"三中心一协同"、"三场景一平台"等一揽子行动,并配合内涵建设做了的外观改造和硬件匹配,在短短的时间里,合力促使教育教学质量和社会声誉有了快速提升。

统合"三中心一协同",增效学校治理。将学校工作分为常规工作与重点工作,计划分为周计划、月计划和学期计划,运用OKR目标管理方法,设立行动研究:(1)目标计划。主要包括明确问题、收集信息、分析问题、制定行动计划;(2)学习研判。主要包括观察、记录、访谈、问卷、收集查阅文献;(3)实践行动。主要包括实施行动项

---

① Harold Kerzner(哈罗德·科兹纳).项目管理2.0[M].傅永康等,译.北京:电子工业出版社,2020:12-19.

目、制定关键时间节点、对行动的监控、调整；（4）复盘反思。主要包括整理描述结果、分析解释原因、评价行动、构想纠正失误和克服困难的新行动计划。

通过解构行动研究，我们看到：管理是实践——不在于"知"，而在于"行"；管理就是承诺——承诺目标、承诺措施、承诺合作；有效的决策是一个"验证假设"的过程——不是收集"事实"，而是从"见解"出发。

信息化时代管理的有效性体现在速度上，并且，流程可视，过程留痕。学校探索基于信息技术的管理改革，如运用信息技术推进选课管理、学分管理、质量管理、评价管理、资源管理、图书管理、后勤管理、家校沟通、社会联系等各项管理工作。各个部门在集中决策的条件下，按照"事业部制"的组织结构（分权），充分发挥自身的能动性和才干，并协同完成解决问题的对策方案（分布）。

构建"三课一程"大课程观，是落地"五育并举，融合育人"的校本化表达。目前学校实际已完成课程 1.0 版本到 2.0 版本的迭代，丰富了课程体系，学习方式升级为项目化学习。课程关注知识完整、学段衔接、群团参与、载体丰富、常态化开展的工作体系，突出跨界、融合、思辨的导向，把"五育并举、融合育人"理念融入思想道德教育、文化知识教育、社会实践教育的各环节。其中疫情期间推出的"'蝠'祸相倚——面对疫情我们在思考之思辨课程群"得到《中国教育报》等多方媒体的关注和报道；松江区学生劳动教育宣传周主题展示活动中，头版展示了学校的"劳动礼乐综合思辨课程群"，也凸显了良好的教育效能。学校正阔步进入学校课程 2.0 版的迭代建设中。

创设"三场景一平台"　是让学习"活"起来。以科学研究和信息化建设提升教学变革力，以科研课题重构学校的教育生态。笔者作为课题主持人，成功申报了上海市教育规划课题"'全场景教学'的常态运行研究"。"三场景"指贯穿学习全程的课前、课中和课后场景，"一平台"是实现学生个性化学习的智慧平台。本课题基于解决传统教学中的问题，提出"全场景教学"的解决方案，借助于信息技术，设计涵盖12年全学段（小学、初中、高中）的"全场景"教学的常态化运行方案，具体包括：构造"全场景教学"教学范式，开发"全场景教学"学科指南，搭建"全场景教学"智慧平台。通过建构"全场景教学"的理论和应用指导，来解决传统教学中教学场景断裂、教学空间分隔、教学针对性欠缺和教学互动不足的问题，并对课程体系的建设发挥作用。

铺设"三路径一主线"，赋能教师专业化成长。百年大计，教育为本。教育大计，教师为本。在全面分析学校教师现状的基础上，学校协同性地制定了教师的发展规划，确立了"关注人本，注重校本，搭建舞台，促进发展"的教师专业化发展的整体思路，做到分层推进、分类指导。三种培养路径分别是校本传承、各级培训、专家指导；一条主线指激励与赋能教师个人的专业化发展。确立《学校绩效考核方案》《学校教师挑战项目》，设立学术委员会、"小青橙"青年教师学研组织等，都一以贯之地秉承"三路径一主线"的思路。

实施方法

行动研究，是指以某些行动对组织系统的影响为主要对象的研究活动，是实验社会心理学的一种研究方法，1946年由勒温正式定名。行动研究包括诊断性研究、参与性研究与实验性研究三种方式。诊断性研究侧重于对行动本身的研究，以探索某项行动在实践中运用和可能收到的效果；后两者主要是解决问题式的研究工作[①]。

　　行动研究是实践者在行动中为解决自身问题而参与进行的，有计划、有步骤、有反思的研究。

　　学校的工作，分类为常规性工作和重点工作。为提高重点工作的实效性，采取重点工作项目实施行动书的方式加以落地。行动书中采取 OKR 管理模式，按照行动研究的路径，即设立目标—考察调研—行动实施—复盘反思 4 个环节。以下为市级课题"'全场景教学'的常态运行研究"开题论证的行动书（见表 1-1）。

表 1-1　重点工作项目实施行动书

项目名称	市级课题"'全场景教学'的常态运行研究"(C2021163)开题论证		
负责部门	学生发展中心	负责人	单老师、戴老师
顾　问	杨老师 （区教育学院科研部）	协同人员	课题组、子课题成员 行政协同中心、信息组、 教学发展中心等
项目预算	￥***元	外聘专家	上海市教育科学研究院教授 市级示范性高中博士 北京师范大学博士
项目概况	按照上海市教委教研室对市级课题的管理规范，2021 年 3 月 24 日下午，开展研讨会，完成开题论证、专家评议和区域公开。 1. 特邀来宾：市区专家；区教育局基教科、教育学院科研部科研管理人员；共同体学校教师代表；腾讯、影创技术支持人员。 2. 学校参会人员：课题组成员、子课题负责人、学术委员会、"小青橙"学研团队。		
行动目标	1. 顺利开展"'全场景教学'的常态运行"市级课题开题论证，多方听取专家建议，明晰课题的研究方向和推进路径。 2. 依托开题活动，宣讲办学理念，提升学校影响力。		

---

①　邓伟志.社会学辞典[M].上海：上海辞书出版社，2009：234.

	序号	行动子项目	过 程 描 述	时间节点
行动节点及过程	1	明确开题时间、地点与大致流程	1.1 与校长初步商定开题时段(3月23—25日);与区科研部沟通 1.2 与拟邀专家协商时间;明确评议专家 1.3 上报科研部	3月8日
	2	优化开题报告	2.1 课题组向华东师范大学杨教授请教课题研究方向与整体架构 2.2 完善开题报告	3月15日
	3	丰富开题材料	3.1 统整与梳理子课题负责人的文献材料,生成文献集 3.2 完善调查问卷(含教师卷与学生卷)	3月15日
	4	确认开题论证会的形式与议程	4.1 影创全息体验确认 4.2 议程确认	3月21日
	5	开题筹备	5.1 开题幻灯片准备	3月22日
			5.2 会场布置(席卡、座位、屏幕与茶水等) 5.3 文本打印、装订 5.4 微信推文初稿准备 5.5 拟邀专家温馨提示 5.6 摄像录像确认 5.7 电子屏内容确认	3月23日
	6	开题演练	6.1 幻灯片定稿 6.2 幻灯片试播演练	3月24日上午
	7	宣传报道	7.1 学校官微推文	3月25日上午
	8	开题复盘	8.1 回顾与反思	3月25日
	9	开题报告提交与平台上传	9.1 补充专家评议要点和重要变更内容,提交纸质版到科研部 9.2 信息平台上传与确认	4月1日

续表二

行动评价	1. 听取了三位专家的专业建议,后续将从研究的价值定位、全场景教学概念的内涵与外延,教学范式及应用类型等角度深化研究。 2. 向专家、教育局、兄弟院校、学校部分教师等推出了学校的"3·1"实践,智慧校园建设基础与未来探索方向。 3. 学术委员会、子课题负责人和"小青橙"学研团队参会,为今后以研究重构学校文化生态埋下一颗种子。
行动复盘	开题论证活动虽已结束,但并不意味着圆满。经复盘与分析,今后如遇相关项目,可从以下三个方面加以优化。 　　1. 计划先行,留足提前量 　　24 日开题,22 日才梳理好课题陈述的幻灯片,为后续调整与打磨留下的时间、空间太少。甚至导致 23 日晚,郭老师加班至深夜十一点。开题时间早已确定好,若能够提前一周完成,将会避免上述情况,也能够打磨得更完善。这反映了工作习惯上存在拖沓,今后须加以调整。 　　作为一项重点项目,身为负责人理应事先全盘规划好行动的过程与节点,为整体项目的推进与优化留足时间。与伙伴协商,向校长报备,达成共识后,按时执行与推进。而非凭借个人的想当然,仓促而就,事后再盘点记录。 　　2. 分工明确,建立工作机制 　　此次开题,涉及诸多参会人员和多种材料准备。虽然前期经过大致分工(详见附录),但由于没有面对面沟通并逐项明确具体要求,导致准备期间出现了一些不顺畅之处。幸好,戴老师凭借丰富的经验,给予了诸多支持。今后,可以成立若干专项小组,如联络组、材料组、会场组、宣传组等,并形成相应的工作机制。 　　3. 直面变动,预设备选方案 　　类似活动,经常涉及一些校外专家和区行政领导,他们的工作日程往往比较满,常常需要各处转场且会有突发的重要会议。此次开题,华东师范大学杨教授前期同意前来,结果因调课困难及其他会议冲突,无法成行。鲍老师因突发重要会议,谢博士因区里部级课题检查,也临时无法前来。导致我们的评议专家组人员锐减,紧急启动备选方案,邀请程博士。因此,面对不可控的变动,须预设备选方案。 　　复盘是为了行动的改进和自我提升。希望能够带着对此次活动的反思,优化项目策划与实施过程。 　　　　　　　　　　　　　　　　　　　　2021 年 3 月 25 日

行动范例——以"基于矩阵管理元素的项目行动研究"为主题的行政会

背景分析：学校重点工作要成立专项小组来完成，小组成员来自不同部门，相较于原有系统，专项小组属于相对松散型的组织，这是横向链接与跨界协同的要求。同时，校内常规工作也涉及多部门的接力棒式传递，例如新教师的聘用与使用、学校的预算与项目实施、食堂就餐的时间与方式等，这些都对纵向发展有需求。针对已经出现或可能出现的问题，学校通过行政会进行矩阵管理元素的专题学习研讨，并通过对几件重点工作复盘发现问题，进而解决问题。

会议形式：行政会以学习共同体（PLC）的形式展开。

会前：与会人员调研矩阵管理、准备重点工作项目行动书。

会中：校长就近期发现有待优化的工作问题进行对话式研讨。

以下为研讨的幻灯片（见图1－2）。

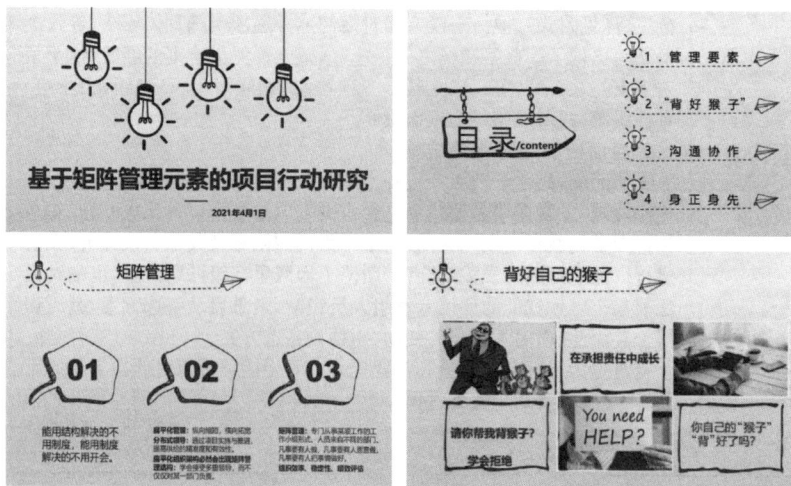

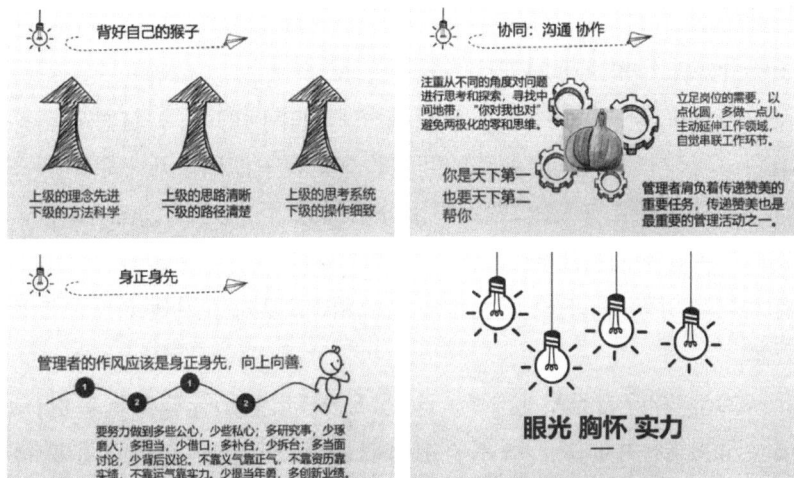

图 1–2　基于矩阵管理元素的行动研究幻灯片

研讨内容：矩阵式管理

"兵来将挡，水来土掩"（此语境为贬义词），环环相扣，"吃着碗里的，看着锅里的"（此语境为褒义词），走一步预设后面要走的几步，一石二鸟，不当消防员和救火员……这些现象是在前一段工作中发现的问题，今天想结合矩阵管理和大家共同研讨。

矩阵管理也可以叫矩阵结构，严格地讲它应该是一种结构。能用结构解决的不用制度，能用制度解决的不用开会，进而达到一种流畅治理过程。

扁平化管理，就是纵向缩短，横向拓宽。分布式的领导一定是通过项目的实施和推进，提高供给侧的精准度和有效性。在扁平化组织架构当中，必然会出现矩阵式的结构。实际上，矩阵就是每个人要做多重领导，也要接受多重领导，而不是传统意义上的只对某一个部门负责任。比如招生工作，由教学发展中心的周主任总负责，成员有

11

行政协同中心的王主任和学生发展中心的戴主任，在这项工作上，王主任和戴主任要支持周主任的统筹。

重点工作中专项小组的成员往往来自不同的部门，这种临时组织会出现一些部门之间衔接的问题。这里要关注以下几个原则。

一是凡事要有人做，做好周密分工。凡事要有人愿意做，即使不是自己主管部门的工作，即使在这项工作中不是主管领导。凡事要有人把事情做好，不论是主角还是配角，都要对组织效率稳定性做贡献。

二是"背好自己的猴子"。这里"猴子"指的是什么？就是责任，要在承担责任中成长。既不要把自己的"猴子"扔给上级或同事（不论这个问题如何棘手）；也不要随意帮别人"背猴子"，完成自己职责的基础上，为他人提供适当的帮助。

每个人都自带底色与光环，每个人有不同的特点、各异的高招。身处引领角色的校长需理念先进、思路清晰、思考系统；落实工作并再创造的中层干部需方法科学、路径清楚。思路和路径是不一样的，路径是实施的过程，是具体的操作，通过细致操作来解决好问题。身处整个结构当中的不同的环节，每个人要明确自己的管理职责。任何一个环节的错位都有可能造成整体结构的不合理，结构就会失调。

沟通协同很重要，幻灯片中有一张图颇有"调侃"意味：一个橘子瓣，跑来和大蒜相伴相依，不让自己成为"橘"外人。

从不同的角度对问题进行思考和探索，有的时候可以寻找一些中间地带，这件事情你对我也对。很多事情没有绝对的好与坏，应避免两极化的思维。立足岗位的需要，"以点画圆"，多做一点，主动延伸一下工作的领域，自觉串联一下工作的环节，这都是在协同过程中要注意的。

即使你是天下第一，也要让天下第二帮你，这是由一个集体的社会属性决定的。管理者要肩负着传递赞美的重要任务,不停地把你对别人的欣赏放在嘴边,这是一种心理暗示。在过程当中既给他人指出问题,同时又传播赞美,让身边的人乐于和你共事,同你在一起做事情虽累,却也快乐着。

作为教师身正身先,作为干部向上向善,学校才能营造和谐向上的氛围。

多一些公心,少一些私心;多研究事儿,少琢磨人;多担当,少借口;多补台,少拆台;多当面讨论,少背后议论;不靠义气靠正气,不靠资历靠实绩,不靠运气靠实力;少提当年勇,多创新业绩。拥有向外、向上的眼光,用大的胸怀融合每个人的实力,合力抱团做事情。

单博士从学术角度做出的品评

感受之一,这是一个专业化的行政会,而不仅仅是一个上传下达的行政会。会议的前三个板块——一是校长的学术性报告;二是行政协同中心主任解读规范化办公的未来发展方向;三是各中心的主任将近期主抓的重点工作项目做了解读。有些是在设计层面,有些是结束后期的复盘,都体现出管理团队有一个共同的期待——今后的办公更加有前瞻性、更加科学、更加有效,以及更加合作。

感受之二,这不仅是一个管理层面的会议,它已经走向更为专业的治理道路研讨。由校长引领,学校有核心的治理理念,有合理的治理结构和规范的流程,通过这个重要的抓手,逐渐走向专业化管理的学校,形成治理共同体。之所以选择"治理共同体"这样一个概念,是因为校长不仅仅是行政管理者,更应是专业的领导者。

教育领域中有两个重要的标准,其中教师的专业标准可使教学走向专业化,校长的专业标准则使学校治理走向专业化。校长的专业标准涉及 6 个领域 60 条,这是国家赋予校长的使命。其中有一个标准叫优化内部管理,刚才校长提了几个点:矩阵式的结构、协同、重点工作项目化推进,并且用"猴子理论"使权责更加明晰。这是学校走向科学治理道路的标志。

同时,这也应该成为整个管理团队的共同样态。走向共同体,需要达成两点共识:第一,有共同的愿景。什么是愿景?就是学校的办学文化和教育理念,达成一个集体的共识。第二,采取共同的行动,基于一个通盘设计,有一揽子的学校提升行动。这样才能够使共同体更加专业化,学校得以常态化发展。

作为学校治理共同体的一员,我们可以借用"4C"核心竞争力共勉。"4C"是21世纪学生未来发展的核心能力,同样适合共同体中的每一个成员。"4C"核心竞争力中的第一个是沟通能力,第二个是团队协作能力,第三个是批判性思维,第四个是创造与创新。如果每个成员都努力培育"4C"能力,学校走向专业化发展的路途会越来越顺畅。

感受三,结合矩阵管理元素复盘《重点工作项目实施行动书》。学校正在推进"全场景教学"探索,"全场景教学"指向学生的全人发展。我们将之迁移到学校治理中,重点工作的全场景指向什么?是指向学校全方位的提升,这是定位也是理念。全场景教学注重课前、课中和课后的铺设。重点项目行动书其实也分为三个部分。

一是前期的规划与组队。所谓前期规划就是运用OKR目标导向分解出关键的目标,并基于目标导向,以终为始,设计关键的行动和节点;组队就需要矩阵式管理结构,跨部门协同,就像战争时期的临时指挥部一样。

二是中期执行。中期涉及很多关键的时间节点,是整个行动的分解和落地,也可以理解为任务的分布,把总目标分解为若干重要的小目标。若错过一个时间节点,就造成整个任务的延时。中期的执行和调整是重要的动态平衡建立的过程。这里发生的是真正的、有效的沟通和协作。

三是后期的评价和复盘。当项目结束后,我们通常会说,如果当时这样就好了,当时如果想到什么就好了……复盘就是实现这样一个目的。中国人常说吃一堑长一智,做复盘就是为了总结经验,不当之处加以规避,好的地方加以延续。

教育哲学中有这样一个导向——教育者不要做技术熟练者,而要做反思性实践者。技术熟练者的哲学取向是把事情做对,不去思考为什么发生,只要把这个事情按照领导交办的来做对就好了,这是一种消极应对的思想,一种工业流水线上熟练工人的状态。反思性实践者是把对的事情做好,需要主动思考为什么要这样做,以及怎么样把这个事情做得更好、更对。这两"者"都有各自的心理学基础。技术熟练者是基于行为主义心理学,像机器人一样按照预设的程序完成就好;反思性实践者则要有反思,运用智慧。

重点工作项目化是面对真实的挑战性问题,采取持续的行动和反思的智慧。伴随着每一个项目的完成,项目负责人也完成了一次自我更新。散是满天星(分布),聚是一团火(矩阵),我们团队中每个人,微创新一小步,汇聚起来就是学校发展的一大步。目前,学校正处于发展的增速换挡期,是重要的关键节点,希望我们凝心聚力,于行动共同体中,为更好地促进学校的发展,贡献自己的力量。

2. 文化，柔软而有力量

　　申城夏月，微信公众号"上海松江"推送了一条特殊的"寻人启事"：一位松江老人寻找一位帮助过他的"松江姑娘"。这位姑娘在老人的残疾车因后轮漏气无法正常驾驶之时，帮助他推车两公里送到维修点，不留姓名和联系方式就走了。接下来的几天，老人思前想后，觉睡不好、饭吃不香，总想找到这位姑娘以表示感谢，于是来到区融媒体中心寻求帮助。

　　姑娘热心助人，老人知恩图报。区融媒体中心记者在了解这一情况后，迅速发出"寻人启事"。网友们看到这位老人和"松江姑娘"的故事后，纷纷留言："太感人了，一定要找到。""姑娘，你一定很美，因为你的心很美。""感谢姑娘顶着炎热，做了好事不留姓名，愿好人一生平安。"……一场寻人的爱心接力刷爆朋友圈。

　　这位"松江姑娘"找到了，居然是我们学校的实验员孙老师——新闻人物就在我们身边。

　　"松江姑娘"孙老师平日在家里就尽显孝道，日常照顾家中二老的起居，老人生病时更是照顾有加，尽量为哥哥减少负担。她说："我是女孩，照顾得细致，而且哥哥有家庭，责任比较多，我来多分担一些。"她仁厚之美德产生了强烈的社会效应。而点点滴滴的正能量也将汇聚成城市发展的磅礴力量，把城市文明推向一个新的高度。

　　学校里，老师们说："这件事发生在孙老师身上虽意料之外，却是情理之中，她平时就很乐于帮助大家。"学生们更是三五成群地在课间跑去实验室,看一眼"美丽的松江姑娘"。看似是在"猎奇""追星",实则善良的种子已经播撒在小小少年的心中,这也是学校文化的一个全场景体现。

夏丏尊翻译的《爱的教育》一书中有这么一说:"教育之没有情感,没有爱,如同池塘没有水一样。没有水,就不成其池塘,没有爱就没有教育。"学校铺设的品牌文化是"让心灵柔软而有力量",是赋予"茸一"校名以教育意义:"茸"是指草初生时细小柔软的样子,喻指柔软的心灵;"一"是完整、全面的意思,意味着"完人"之意涵。是啊,教育就是为完整的生命赋能,就是让心灵柔软而有力量。一句话,让心灵柔软而有力量是学校教育的神圣使命。

那么为什么置文化建设于如此重要地位呢?心理学有个词叫"南风效应":北风和南风比威力,看谁能把行人身上的大衣"脱"掉。北风吹出了刺骨的冷风,行人因为害怕寒冷,所以裹紧了大衣;而南风吹出了柔和的微风,行人觉得很温暖,便解开了大衣。无声的教育更有力量!

新文化运动时,鲁迅说:"中国人的性情总是喜欢调和、折中的。譬如你说,这屋子太暗,须在这里开一个窗,大家一定不允许的。但如果你主张拆掉屋顶,他们就会来调和,愿意开窗了。没有更激烈的主张,他们总连平和的改良也不肯行。"热播的电视剧《觉醒时代》中有这样一段剧情,胡适提倡"文学革命"(好比开窗),但反对者此起彼伏;然钱玄同冒出来,激昂地主张废掉汉字(好比拆掉屋顶),胡适的"文学革命"就少了阻力,白话文随后也渐渐流行了起来。从这个意义上来说,革命是改良的驱动力。

虽然现实中也有"圆滑、世故"的一类人,事不关己高高挂起、三缄其口默不作声、知难而退明哲保身、言不由衷阿谀奉承、只顾个人利益、固守原有观念,凡此种种,对道德、公平正义、善良和规则都做着碰撞和冲击。但这些，都无法阻止社会的进步和发展，无法阻碍文明的进程。文化在这里发挥重要作用，将推动社会进步与发展的行为推向主流。

可见，文化在结构和制度无法企及的地方发挥着作用。它充盈着结构，填补着缝隙，融化着冲突，弥散着边界，它会把"责任意识""团队精神"透析到每一个意想不到的细节中。使人惯性地、自觉地发生着向前、向上的行为。凝聚一支队伍，铸就一股力量。

学校的文化建设中将学校的教育哲学定义为"蓄力"和"沉潜"，"蓄力"，即积蓄力量，指沉下心来把力量都聚集在一起。教育是一种力量，教育力量的发挥需要群策群力。蓄力教育是让心灵柔软而有力量的素质教育实践形态，是教师以生命成长的赋能者身份给每一个孩子设计有力量的学习经历，使之成为有力量感的人的教育，是我校的教育价值观和内涵发展方法论。

"蓄力教育"倡导"春风化雨、润物无声"的教育法则。其具有三个支柱：第一个支柱是大爱感，无条件的爱。有了爱，才能有力量，才能够面对挫折，为这个社会做贡献；第二个支柱是价值感，一个人觉得自身有价值，有能力解决问题，而不是遇到任何问题就说"我不行，我做不到"；第三个支柱是生长感，一个人具备了终身成长的心态，他所做的事情都是为了给自己蓄力，让自己变得更优秀。

蓄力文化是沉潜的文化，蓄力文化是超越的立场，蓄力文化是成功的孕育，蓄力文化是高亢的酝酿，蓄力文化是腾飞的蓄势，蓄力文化是内在的力量。

"沉潜"，本指在水里下沉潜伏，后喻为集中精神，潜心于做某件事情、某项事业。沉潜几乎是每个成功者都要经历的一个阶段。司马光主编《资治通鉴》用了 19 年，曹雪芹写作《红楼梦》用了 10 年，马克思完成《资本论》用了 40 年。正是由于不急于求成，不怕寂寞，不怕冷遇,脚踏实地、埋头苦干、蓄势待发,他们才最终到达事业的光辉顶峰。

沉潜是绚烂的孕育,是高亢的酝酿,是腾飞前的蓄势。昙花用一年的默默酝酿,才换来一夜的风姿绰约;蝉虫用四年的地下修炼,才换来一夏的引吭高歌。相对于浮躁而言,能够沉潜下来显得尤为难能可贵。沉潜时虽然要与寂寞甚至痛苦相伴,却能让成长的养分变得充足,让自己的力量变得强大,让奋斗的结果变得精彩。

沉潜需要毅力的支撑。思想家黑格尔在著书立说之前曾缄默了6年,哲学史家认为,这平静的6年,其实是黑格尔一生中最重要的时期,成就了一代哲学大师。坚持和放弃是一对博弈,而毅力就是取得这场博弈胜利的关键砝码。正如英国作家狄更斯所说:"顽强的毅力可以征服世界上任何一座高峰。"

沉潜需要在坚持中努力。积跬步能至千里,积小流能成江河,唯有坚持才能拥抱胜利。正如马拉松比赛,哪怕在途中领先,一路风光,但坚持不到终点,就是失败;竭尽全力默默坚持下去,哪怕最后一个到达终点线,也是成功。如果相信自己是一匹千里马,就要坚持着跑下去,跑出一段让人惊讶的里程;如果自认是一只鸿鹄,就不妨蓄势高飞,坚持飞出不一般的高度,展示自己的出色与出众。

一个组织只能在"全体成员"的精神境界范围内成长。

雅斯贝尔斯认为:"教育的过程首先是一个精神成长过程,然后才成为科学获知过程的一部分。"一支粉笔,三尺讲台,呕心沥血育桃李;两袖清风,四季耕耘,五湖九州皆芬芳。教育需要的不只是一时的激情,而是一生一世的追求;教育成就的不只是一个个孩子,更是一个时代的辉煌!让我们相信教育的力量,文化的导向,播种希望,点燃梦想,蓄力未来,改良社会。

3. 供给侧与学校治理

党的十九大报告郑重宣告："经过长期努力,中国特色社会主义进入了新时代。我国社会主要矛盾已经转化为人民日益增长的美好生活需要和不平衡不充分的发展之间的矛盾。"所谓不充分主要指的是民生方面的短板,比如住房、医疗、教育和环境等领域尚未达到老百姓满意的程度,需要加强这些领域的供给。

深化供给侧结构性改革对教育提出了新的要求。做好内部控制,提高风险防御能力,提升学校治理水平,优化教育教学品质,是教育人践行供给侧结构改革的行动。

马克思主义哲学中,矛盾的普遍性原理是:矛盾存在于一切事物中,并且贯穿于每一事物发展过程的始终。在学校深化供给侧结构改革的过程中,组织内部的不同个体对于事物的认知、逻辑、响应必然存在着不对等、不平衡、不充分等矛盾,这种矛盾时刻处于动态的变化中,要通过合理的内部控制,达成动态的平衡。所以说内部控制管理是内置于学校组织的日常管理活动之中,形成一种常规的管理和运行机制,它既是一种制度安排,也是一种管理过程,伴随着学校文化的日益沉淀,更是一种全员的自律行为。

内部控制是由控制环境、风险评估、内控活动、信息与沟通、监督等五要素组成[1]。

---

[1] 李麟.COSO 内部控制整体框架[J].金融会计,2001(3):14.

建立健全的学校治理结构,营造良好的内部控制环境。在党政双批的基础上,学校设立了联动行政协同中心、教学发展中心、学生发展中心和教师发展中心四个职能中心的审批流程,并充分发挥各部门的功能,相互监督,相互协助。虽然学校管理的最终责任人是管理者,但是学校的内部控制是全员参与的过程。

深化全体教师对内部控制的理解,要树立风险管理理念,将风险管理意识贯穿于学校内部的运营过程中。通过学校领导层的表率作用、相关培训以及制定风险导向型的内部控制规章制度,培养教职员工的职业道德、工作能力和认同感,提高教育品质与风险防控合璧成为双刃剑,它们合力指向学校育人目标的达成。

不断优化内部控制活动。 学校通过"三重一大"的统领与结合,采取不相容职务分离控制、授权审批控制、财务会计以及资金支付控制、资产保护控制、全面预算控制、合同管理控制、科学的绩效考核控制等,通过业务流程及控制矩阵,明确每个控制点的业务目标、风险、责任单位、不相容岗位、记录文档等。

不相容原则指在横向关系上,至少要由彼此独立的两个部门或人员办理,以使该部门或人员的工作接受另一个部门或人员的检查和制约;在纵向关系上,至少要经过互不隶属的两个或两个以上的岗位和环节,以使下级受上级监督,上级受下级牵制。其理论根据是在相互牵制的关系下,几个人发生同一错弊而不被发现的概率,是每个人发生该项错弊的概率的连乘积,因而将降低误差率。不相容职务相互分离控制有以下几项内容:

　　＊ 授权批准职务与执行业务职务相分离;

　　＊ 执行业务职务与监督审核职务相分离;

　　＊ 执行业务职务与会计记录职务相分离;

　　＊ 财产保管职务与会计记录职务相分离;

* 执行业务职务与财产保管职务相分离①。

建立先进的信息与沟通手段。 依托智慧校园、海天财务管理软件等,学校引入先进的 ERP 管理信息系统、会计核算系统等,实行信息系统集中管理,让学校运营的重要业务操作都统一在 ERP 系统上,各个环节按相应的业务流程生成线管信息,并传送到数据库进行监控和分析。程序上沟通顺畅,时间节点可视,减少人为干预(见图1-3)。

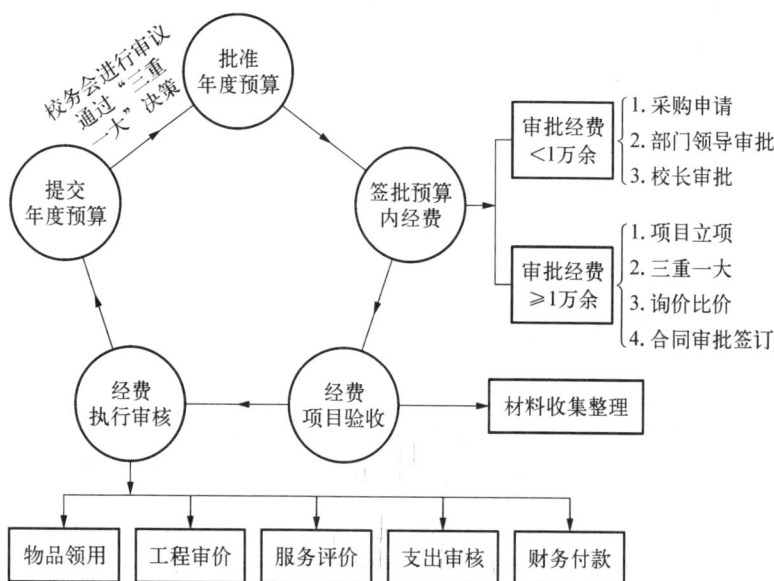

图1-3　审批流程图

---

① 黄双蓉.财经法规与会计职业道德[M].北京:经济科学出版社,2014:1-25.

4. 追求绩效，在贡献上下功夫

在任何一个组织中，都存在着个体与整体相伴而生的张力。亚里士多德有一句名言："整体大于部分之和"。要达成这一点，组织所面临挑战是以"建设性"的方式进行改变和适应，以应对不断变化的环境并创生。而个体却往往会设计以"自我为中心"进而产生"自我实现"的预言。要调和并重整两者之间的制衡，个体与组织之间需要在一个更为综合性的框架之内进行整合，从方法论的角度，按照不同层次的具体情境，借助"还原论"建立自上而下的关系，同时依据机制解释寻求自下而上的关系，最终呈现出循环往复的反馈体系。

这种循环往复要达成平衡，应聚焦于"贡献"一词。缺乏贡献意识，思考就会停滞，工作就会失效，甚或一事无成。学校文化中的"贡献"有三方面的含义：（1）扩大组织的直接成果。这种"横向的贡献意识"，能使专业化的分工体系有效地协同起来，并产生更大的成就；（2）强化组织的存在价值。提高精神境界，使大家把眼光放得远一点。因为一个组织只能在"全体成员"的精神境界氛围内成长；（3）培养明天需要的人才。组织就是这样一种"工具"，用以克服每个人在"寿命和贡献"上的限度。组织必须为明天培养人才，更新或提高人力资源水准。

重视一个人的长处，就要对他的工作绩效提出要求。基于"贡献"文化的绩效方案秉持着以下原则：

尊重规律，以人为本。尊重教育规律，尊重教职工的主体地位，充分体现教师教书育人工作的专业性、实践性、长期性特点。

以德为先，注重实绩。把师德放在首位，注重教师履行岗位职责的实际表现和贡献。

激励先进，促进发展。鼓励教师全身心投入教书育人工作，引导教师不断提高自身素质和教育教学能力。

客观公正，简便易行。坚持实事求是、民主协同，科学合理、程序规范，讲求实效、力戒繁琐。

多劳多得，优绩优酬。向承担教育改革发展任务、为提高学生综合素质付出努力的一线教师、骨干教师和做出突出成绩的教师倾斜。

让数据说话

在以往的教师评价体系中，往往存在着一些不合理的现象：一些人在评价他人时主观武断，以自己的好恶作为评判他人的唯一标准；一些人在评价中扮演老好人，评价都是"你好，我好，大家好"。这些实为一种懒政。

以学业成绩这一评价指标为例，我们对评价指标进行了细致的规定，更关注成绩的纵向提升幅度，让数据有温度。如相对年级均分的提升幅度，第一档得 6 分；第二档得 5 分；第三档得 4 分，相对年级优秀率的提升幅度也以同样方式计算。

四维度评价

2020 年 9 月教育部出台的《关于进一步激发中小学办学活力的若干意见》以及 10 月国务院印发的《深化新时代教育评价改革总体方案》相关要求，从"师德师风""学科成绩""教研成果""教学管理"四个维度,对教师进行更为全面、系统、科学的评价。

师德师风占比 10 分,违反师德,问题严重,一票否决。一学期无违反学校校纪校规、师德师风行为的得 10 分。有以下非标行为的,酌情减分 2—8 分,情节严重的加倍减分,特别严重的实行考核一票否决:1. 体罚、变相体罚学生的;2. 个人言行有损学校形象或工作大局的;3. 同事之间闹矛盾影响团结的;4. 上班时间做与工作无关的事情;5. 违法违纪行为;6. 其他违反师德师风的行为。

学科成绩占比 35 分。

教研成果占比 10 分。其中,素质比武、优课评比 5 分,论文评比、课题获奖 5 分(见表 1 - 2)。

教学管理占比 40 分。

表 1 - 2　教研成果评价分值表

项 目 及 分 值		内 容 说 明			得分	评价部门
教研成果10分	素质比武优课评比5分	获奖等级	一等奖	二等奖	三等奖		学术委员会
		全国	5分/人	4.5分/人	4分/人		
		上海	4分/人	3.5分/人	3分/人		
		松江区	3分/人	2.5分/人	2分/人		
		校级	2分/人	1.5分/人	1分/人		
		注:1. 同一项目团体和个人不重复累计,往高计分 2. 团体奖加倍计算,团体奖和个人奖重复时只计一边 3. 各级、各类公开课视具体要求和内容酌情加分 4. 此项内容只限教育行政部门组织的竞赛					

项目及分值		内　容　说　明				得分	评价部门
教研成果 10分	论文评比课题获奖 5分	获奖等级	一等奖	二等奖	三等奖		学术委员会
		全国	5分/人	4.5分/人	4分/人		
		上海	4分/人	3.5分/人	3分/人		
		松江区	3分/人	2.5分/人	2分/人		
		校级	2分/人	1.5分/人	1分/人		
		注：1. 课题立项、结题参照论文二等奖，获奖参照论文标准1.5倍计算考核分。2. 论文发表同时具有ISSN、CN刊号的国家级核心期刊上发表与所任教学科直接有关的或属于教育教学研究方面的论文，参照论文一等奖。					

4个维度围绕学校办学思想和办学目标，符合学校倡导的教师文化和时代对教师专业的要求，纠正"唯分数""唯升学"的倾向，让广大教师在评价中找到自身专业发展的生长点。

教师话语权

成立学校绩效考核领导小组，专门负责实施绩效考核工作。

绩效考核实施方案经工会会员大会讨论通过并报松江区教育局批准后实施。考核方案用于年中和年终两次考核。考核结果用于年度考核、评优晋职、绩效发放等。

评价主体涉及校长、教师发展中心、教学发展中心、学生发展中心、行政协同中心、督导、各年级组长、学术委员会等。多元主体协同评价机制的建立，进一步彰显了学校依法办学、民主管理、科学决策的管理文化，增强了评价结构的公平性、公正性、规范性。

　　绩效评价方案出台的过程也是学校管理者和教师双向沟通、达成一致的过程。这次绩效方案的颁布与实施，进行了充分的前期调研，通过结构化访谈，充分征求和尊重了教师的意愿。方案制定的过程，让教师尤其是年轻教师明确了未来前进的方向，也让评价方案的效能得以最大程度的发挥。

5. 赋能领导力

我们生活在"VUCA"时代（变幻莫测的时代），具有高度不确定性，个人成长和组织发展都迎接着日新月异的挑战，要把握趋势，找准定位，更要抓住关键，快速迭代。复盘无疑是面对挑战的一大法宝，它实现了两个转化：一是将组织层面的目标表达、群体的智慧转化为个体的能力；二是将组织中个体（特别是优秀个体）的经验和智慧转化为组织的能力和群体的共有智慧。通过复盘完善人才发展机制，打造学习型组织[①]。

本书所言复盘，是通过组织学习的方式得以进行。阿吉里斯和肖恩将组织学习分为两类："单环学习"和"双环学习"。前者指在既定的组织目标、政策、规范下，检测组织运行的状况，采取改进措施纠正偏差，是一种"适应性学习"，可以实现对现状的改善；后者是对目标设定、策略等背后的假设、成见、规则等进行反思，不只是纠正表面的错误与偏差，而是可能重新修正目标、政策、规范以及意图等，促进组织内在结构的变革，是一种"创新性学习"。通过反思深度的不同，抑或"就事论事"进行"战术性"反思，抑或发现根深蒂固的思维定式或"经验主义"，可以不同程度地支持"单环学习"和"双环学习"，从而持续推动个人和组织的突破和创新[②]。

[①] 邱昭良.复盘＋：把经验转化为能力：第3版[M].北京：机械工业出版社，2018：1-2.

[②] 邱昭良.复盘＋：把经验转化为能力：第3版[M].北京：机械工业出版社，2018：60.

28

复盘可分为：个人复盘、团队复盘、项目复盘和组织与战略复盘4种，可以迁移对应于孔子所称的"修身、齐家、治国、平天下"的社会集合层次。

本书以下描绘的复盘画布是以"赋能领导力"为主题的行政扩大会议，是阶段性的组织与战略复盘。

以"赋能领导力"为主题的行政扩大会议

内容概述：参加人员为中层干部、学年组长。中层干部是在暑期参加竞聘的，履职不到一学期。

列出几种领导力的运用形式：设计感、娱乐感、意义感、故事力、交响力和柔情力等。

用日中则昃，月满则亏，这一自然体现来借喻，如果说人的工作和生活都是一段修身历程，时刻把自己置身于不确定性中。

从管理的角度，变革通常分为三种：预期性变革、反应性变革和危机性变革。如，乔布斯带领"苹果"进行的智能手机领域的变革堪称预见性变革，随后三星智能手机业务的变革算是反应性变革，而诺基亚则为危机性变革做了失败的注解。说明预见性变革的重要性，提高战略站位。

美国诗人罗伯特·弗罗斯特说："森林里只有两条路，我选择了人迹罕至的那一条。"所以，只要内心光明，崎岖只当风景，荆棘权做花红。

领导力本身就是不具体、不可触摸和不可察觉的，是相当抽象的一种能力。它可能是解决问题的一种能力，可能是某个行为习惯，可能是某种决策风格，又可能是一种思维和沟通习惯[①]。领导者的"领"

---

① 田俊国.赋能领导力[M].杭州：浙江人民出版社,2017：9 - 16.

就是探索业务方向和确立愿景,并持续带领团队向新的愿景出发,群策群力地进行迭代式的业务设计。领导者的"导"就是引领下属与团队,帮助他们借助工作平台实现个人价值和持续成长。

未来组织最重要的功能已经越来越清楚,那就是赋能,而不再是管理或激励。

三大业务甚是关键:1. 从想法到运营模式的共创——业务设计,变革效率的竞争;2. 在迭代中融合与成长——引领变革;3. 做群策群力的问题终结者——解决问题。

赋能领导者最重要的三大工作是:(1)创造全新的"我们"模式——矩阵式,化解冲突;(2)帮助下属成功——确保下属处于正能量的工作状态,是领导者义不容辞的责任;(3)构建指数型组织学习新范式——PCL 团队学习。

凸显元素与关联矩阵

任正非说,战略的重心是略,只有坚决地放弃那些不重要的事情,才能专心致志、心无旁骛地做好重要的事情,凸显出自己的特色和风格。关联矩阵是一个能够把凸显元素和组织自身资源与能力有机结合起来的工具。矩阵的一个维度是凸显元素,另一个维度是已有的资源与能力,矩阵中任何一个交叉点都是一个问题,都需要团队做关联性思考。

大事业要有大情怀。伏羲教民结绳为网,以佃以渔;后稷教民稼穑,树艺五谷。先圣是因为开启了先民全新的生活方式才成为圣人的。大事业的背后是大情怀,是以推动社会进步为己任的。《周易·系辞》中说:"举而措之天下之民,谓之事业。"乔布斯说:"消费者并不知道自己需要什么,直到我们拿出自己的产品,他们才发现,这正是我要的东西。"

复盘画布

表 1–3 复 盘 画 布

主　题	提升干部领导力的策略研究	时　间	2020 年 12 月 14 日
地　点	校长室	参加人	特聘专家（具有30年集团办学经验的教育家型校长）及本校校长
事件/活动概况描述	\multicolumn{3}{l}{1. 回顾目标；2. 分析目标是否达成,造成差异的根本原因；3. 以开放的心态,将专家所在学校的类似管理活动做对比分析；4.制定下一阶段的提升领导力行动计划。}
回顾目标	评估结果	分析原因	总结经验
初　衷 1. 把教育管理作为科学,提高专业化水平。不停留在经验主义阶段,要掌握方法,更要掌握支撑的方法论。化经验为能力,由偶然上升至必然,增强主动权和话语权； 2. 了解什么是领导力、领导力的重要性以及几种提升领导力的方法； 3. 英国管理学家瑞文斯教授指出：一个有机体要想生存下来,其学习的速度(L)必须大于至少	**亮　点** 1. 参考企业管理的范例,比较生动,迁移性强； 2. 结合实际案例,具备真实性和合理性。	**成功关键因素** 1. 时间节点掌握得好。干部已进入实质性工作,工作开展过程中遇到各种问题和困难,处于"焦虑期"； 2. 供需一致。面对工作的新要求,干部专业技能储备不足,"惯性"与模仿解决不了新问题,原有的经验与现实呈现"弱关联"； 3. 方法适恰。设计与干预到位。提供决策的五要素：a. 了解问题的性质；b. 问题的"边界条	**关键发现** 将集成的方法进行分解,便于理解和掌握。如将 OKR 管理法拆分为《重点工作项目行动书》；又如对于"目标"的确定,给出 SMART 原则,即：明确具体(specific)、可衡量(measurable)、挑战但可实现(achievable)、相关、可控(related)、有时限(time)① 。

① 邱昭良.复盘＋：把经验转化为能力：第 3 版[M].北京：机械工业出版社,2018：147.

续　表

回顾目标	评估结果	分析原因	总结经验
等于环境变化（C）的速度①。在干部队伍中形成学习的态势，并构建学习组织矩阵。		件"；c. 解决问题的方案；d. 兼顾执行措施；e. 过程重视反馈。	

目标/关键结果	不　足	失败根本原因	行动计划
1. 组织成员着手制定学习计划； 2. 进行个体复盘。	将中层干部游离于本次复盘的队伍之外，没有达到集思广益之效果。	1. 个人抱有"主观主义"和"经验主义"； 2. 没有充分挖掘、激发和唤醒干部的潜力。	1. 进一步推进扁平化、分布式、矩阵管理； 2. 建立学习组织矩阵； 3. 萃取和厚重学校文化,编辑成册。

---

① 邱昭良.复盘＋：把经验转化为能力：第 3 版[M].北京：机械工业出版社,2018：227.

6. 回到原点

习近平总书记在十九届中央政治局举行的第五次集体学习中强调:"学习马克思主义基本理论是共产党人的必修课。"这让我们再一次深深地认识到无论处于什么样的发展阶段、肩负什么样的时代使命,学习掌握马克思主义理论始终是我们做好一切工作的看家本领。同时也让我们重新审视我们的能力水平、学校的工作模式以及教育学生的具体方法,这也是我们判断对学生的教育成功与否的标准。我们要回到学习的原点、教育的原点。

寻找原点

寻找原点是为了更好地延承、发展,定向航程。端正理念是寻找原点的开始。"立德树人"是我们教育的原点、出发点以及落脚点。发现学生的思想困惑,引领他们走适合自己的发展道路是我们教师乃至教育的根本。习近平总书记指出,教师要承担起思政课理论教育的重任,教师要做到"六个要":政治要强、情怀要深、思维要新、视野要广、自律要严、人格要正。德育工作的作用不仅仅是校正学生的不良行为习惯,更重要的是引领培养学生积极向上的思想基础,养成良好的学习生活习惯,要让德育"落地生根"。有人认为,成绩是硬道理,成绩好肯定一切,成绩不好否定一切;学校秩序体现了管理成效,秩序好管理有效,秩序不好管理无效,成绩和秩序是教育成果铁的标准。成绩和秩序是标准,是重要标准,但不是唯一标准。只有好成绩和守纪律的学生，在创造力、适应性方面不会是最优秀的学生，是生命力不强的学生。只注重德育的校正作用，而忽视了德育的引领和养成、激发和唤醒，就偏离了教育的原点。

适应形势和环境

实践性是马克思主义理论区别于其他理论的显著特征。马克思主义不是书斋里的学问。教育工作离不开社会形式的发展和环境的改变，教育是百年大计，是经济发展的缩影，是国家投入的重点。教育也是资源，是市场。利用教育资源，竞争教育市场，也是在教育和办学中要考虑的重要因素。形势和政策背景决定着教育方向，培养良莠不齐的学生不是我们的目的。在我国改革开放40多年的重要历史节点，在上海以新作为推动改革开放再出发的关键时刻，在松江区创建"科技、人文、生态"城区的征途上，作为教育工作者应该如何调整是我们必须思考的问题。

加快前行的脚步

马克思主义认为，生产力与生产关系、经济基础与上层建筑的矛盾是推动人类社会发展的决定性因素。学习马克思主义科学的思想方法，善于运用改革办法、开放举措拓展发展空间，实现创新性和引领性发展。

精心设计好学校的品牌

校长是学校的领导者、决策者和高级管理者，更是学科带头人，教师的勤务员。俗话说："有什么样的校长，就有什么样的学校。"校长的工作对学校全局起指导、组织、协调和统揽作用。苏霍姆林斯基曾说过这样一句话："校长对学校的领导，首先是教育思想的领导、业务上的指导，其次才是行政管理。"因此，校长必须把自己的办学思想贯穿于日常的管理活动中，用先进的教育理念去影响、带动教师，把自己的办学思想转化为教师的行动。同时,要注重办学经验的积累与扬弃,努力形成学校内在的精神累积和成功的管理理念。这种精神累积和管理理念是一所学校的无形资产和宝贵财富,更是学校品牌的意义所在。

要当好一名校长,要把岗位当作干事的平台,精心谋事,在想干事、会干事上下功夫。事无巨细,一项一项完成,一步一个脚印往前走。在事业上要用心、用力、用德。工作中要做到三多:就是多记他人的好处,多看他人的长处,多想他人的难处。要谨记三不:不自私、不猜疑、不嫉妒。校长要善于营造良好的竞争氛围。马克思指出,无产阶级革命与其他任何革命不同的地方,就在于它"经常自己批判自己"。不满足现状,能为学校提供活力,能有效地调动工作积极性,能挖掘潜力,积聚智力,增强活力。

全力打造高效的师资队伍

教师在学生中起着直接表率的作用,教师的一言一行、一举一动都是学生学习的榜样。教师只有用先进的教育理念和扎实的教育、教学基本功,才能带领着学生穿越知识的海洋。作为一名校长,应鼓励教师多读书,努力给教师创造读书、学习的机会。一个人的精神发展史实质就是一个人的阅读史。书永远是个人成长的阶梯。作为教师,至少要读三类书:前沿性理论书、名著、教育类著作。正如培根所说:读史使人明智,读诗使人聪慧。作为校长要为教师创设一种读书的氛围、读书条件,真正让教师成为社会中读书最多的人群。用马克思主义补钙壮骨,领会习近平重要论述顺应历史大势、把握时代脉搏。同时引导教师勤于反思。行成于思毁于随,没有反思,人生是盲目的,教育亦然。

实际的工作不是对理论的生搬硬套,而要注重不同情景下的灵活运用。教育是科学,要保持持续学习、研究和反思的态势并落到实处,学校选取了教师专业学习共同体这一有力的抓手。"共同体"

(community)的概念是在产业社会向后产业社会快速转变的过程中,率先在社会学领域提出的。1997 年,霍德首次提出教师专业学习共同体(Professional Learning Communities) 这一概念,从概念的内涵和外延来看,是一种新型的教师专业发展路径和范式,是进行学校变革的重要途径与手段,通过共同体的"共享目标""合作活动""关注学习""分享实践""反思对话"等核心环节来实现教师学习与发展、学校深度变革和学生学业成就提升等多重目标的有效聚合①。

校长在专业学习共同体中的角色和使命,一是校长作为引领者,需要在学校层面建立起学习型组织,如学校搭设了小青橙学研团队、"全场景"教学常态化运行学研团队、课程建设学研团队及"红色映画"项目化学习学研团队等,带领教师团队向着共同的目标一起努力;二是校长作为持续学习的示范者,激励教师产生专业学习的积极愿望;三是校长作为支持者和促进者,帮助教师扫清在专业成长过程中遇到的困难和障碍,鼓励和促进教师参与专业活动。四是校长作为资源的提供者,不仅积极整合学校的内部资源,同时积极寻求社区、高校等外部资源的帮助②。

《荀子·强国篇》中说:"刑范正,金锡美;工冶巧,火齐得,剖刑而莫邪已。"更要拿出杜甫诗句"两句三年得,一吟双泪流"中所描摹的情怀,把读马克思主义经典、悟马克思主义原理、学马克思主义最新成果、用马克思主义最新理论作为一种生活习惯、一种工作需要和一种精神追求,做马克思主义的忠诚信奉者和坚定实践者,用心于学生,树人先立己。

---

① 赵健.学习共同体关于学习的社会文化分析[M].上海:华东师范大学出版社,2006:24.

② 高宏钰,霍力岩,黄爽.西方发达国家关于专业学习共同体(PLC)研究述评及启示[J].外国中小学教育,2019(01):52-60.

第二章

做柔软而有力量的人

　　积跬步至千里,积小流成江河。沉潜是绚烂的孕育,是高亢的酝酿,是腾飞的蓄势。蝶蛹在厚茧中强大,从而羽化飞翔;企鹅在深水中蓄力,从而腾落地面。昙花用一年默默酝酿,才换来一夜风姿绰约;蝉虫用四年地下修炼,才换来一夏引吭高歌。教育是一种无形的力量,学校是蓄力未来的地方。让师生心无旁骛地提升生命力量,便是学校教育的使命。沉潜蓄力过程是毅力培养过程,也是心气修炼过程;只有在沉潜中学会等待,在蓄力中磨炼意志,我们才能成为有力量的中国人!

1. 保持鲜活生命力

在历史文化中体味文化自信的信心来源

松江历史文化源远流长。松江,有"上海之根"之称。松江,历史文化积淀丰厚。广富林遗址始于新石器时期,是上海最早有人类生活的地方。"战国四君子"之一的楚国春申君带领民众治理黄浦江,现存"浦江之首"。松江有保存完好的明代照壁,相传明清时期到松江任职的官员,必须到此祭拜,以示廉洁奉公,又称为"警示壁"。故宫第001号国宝《平复帖》,出自松江人士陆机之手。元末明初华亭人士黄道婆带来黎族人先进的纺织技术。耳熟能详的《明日歌》为松江第二位状元所作。明代画家董其昌处于明末清初画坛的核心地位。这些都见证着松江历史之悠久,文化之昌盛。

松江革命精神代代传承。伟大的无产阶级革命家、政治家陈云,14岁经松江去上海商务印书馆做学徒,从此走上革命的道路。他于1927年间组织的小蒸、枫泾地区的农民武装暴动,是中国共产党领导的革命运动的重要组成部分,推动了土地革命战争时期的革命形势发展。在血雨腥风的革命时期,陈云同志坚定革命信念,不怕牺牲不怕艰险;社会主义建设时期,他不论身处逆境还是顺境,始终坚定信仰,以党和国家大局为重,不计较个人得失,在家风家教上,严格教育子女堪称典范。

与陈云同志一同组织枫泾农民武装暴动的吴志喜烈士,是松江一中引以为荣的校友。他在暴动中被捕,血洒松江。其参加的上海农民武装运动在中国革命武装斗争史上写下了光辉的一页,吴志喜烈士的革命斗争精神,也为松江留下宝贵的精神财富。

松江科创发展更具活力。G60科创走廊从上海松江区的1.0版本,到沪嘉杭联动的2.0版本,再到沪苏浙皖九地区的3.0版本,现已升级为国家战略,形成"一廊一核多城"的空间布局规划,成为中国经济最具活力、城镇化水平最高的区域之一,G60走廊将扮演长三角高质量一体化"引擎"的角色,成为区域内"中国制造"迈向"中国创造"的主阵地。

求木之长者,必先固其本。上海松江自古至今,无论是古代文明、革命战争时期的红色精神还是当今科创彰显的活力,都代代传承着具有先进性的文化、驱动社会发展的文化、保持鲜活生命力的文化。充分挖掘并利用松江地区优秀地域文化资源,将地域文化充分融入德育事业中,真正达到文化育人、文化载人、文化养成的目标。

在文化融合与交流中保持文化自信的发展信心

文化融合是指民族文化在交流过程中以其传统文化为基础,根据需要吸收、消化外来文化,促进自身发展的过程。习近平同志也指出:"封闭的空间只会四处碰壁,开放的道路才会越走越宽。"上海文化又被称为"海派文化",是在中国江南传统文化(吴越文化)的基础上,融合开埠后传入的、对上海影响深远的、源于欧美的近代工业文明而逐步形成的上海特有的文化现象。"海纳百川,兼容并蓄"是"海派文化"的典型特点。尊重多元、个性、兼顾个人和社会利益,以契约精神为主导的、理性的、随和的"海派文化"渗透在上海的方方面面,奏响着上海昨天、今天、明天的交响乐。

以古人之矩,开自己之生面。文化的交流、融合能够取长补短,唯有择善而从，才能够跳出"小我"的视域迈向"大我"的发展。通过对比和融合保留下来的，必然是适应社会发展、具有先进性的文化，是基于增强文化自信的、老百姓认同和希望的、欣欣向荣的生活域场。

保持文化自省，避免文化自信的挫折

2018 年 4 月 19 日，《科技日报》一版头条推出新专栏"亟待解决的核心技术"，开篇以"是什么卡了我们的脖子"为引题，报道了中国在生产高端芯片所依托的顶级光刻机设备方面的落后现状，并罗列了 29 项"卡脖子"的技术。《科技日报》的探讨是科技界跟随党中央的旗帜，正确引导社会舆论、积极履行社会责任的体现，是科技界反躬自省的体现。

无独有偶，华为集团在创立之初就成立了一个部门，称之为"蓝军"，这个部门的主要工作就是唱"反调"，对华为的策略、手机产品等提出质疑的声音，找出不足。善于发现不足、总结分析，才能不断发展，这是企业发展忧患意识的体现。

欲流之远者，必浚其源泉。不浮夸、不随波逐流，耐得住寂寞，坐得了冷板凳，实事求是，持之以恒，反思自省，中华民族文化自信才得以扎根、延承。

2016 年 7 月 1 日，习近平总书记在庆祝中国共产党成立 95 周年大会上明确提出：中国共产党人"坚持不忘初心、继续前进"，就要坚持"四个自信"即"中国特色社会主义道路自信、理论自信、制度自信、文化自信"。道路自信、理论自信、制度自信、文化自信是一个有机统一体，既相对独立，又相辅相成。文化自信是内在要求，为其他三个自信提供精神支撑。作为一名教育工作者，在当今世界文化激荡起伏的复杂形势下，更要在德育工作中将中华文化的母体地位根植于学生心中,将文化认同与自信传递给学生,无论在何时何地,当被问及或自问"我是谁""为了谁""依靠谁"的时候,能够有一个坚定和响亮的回答,"我是炎黄子孙""为了国家昌盛""祖国永远是我的依靠"!

2. 做有道德的人

教育是价值的高瞻和意义的赋予。本篇目选取两则作者在开学典礼所做的校长讲话,在"开学第一课"将学生代入"做有道德的人"的情境。

以"金牌主播"课程启动仪式为载体的开学典礼致辞

金牌主播课程由中华文化促进会主持人专业委员会编撰,通过课程让学生拥有出众的气质、流畅得体的表达能力,准确传递信息,恰当表达情绪。央视著名主持人、中华文化促进会主持人专业委员会主任杨柳老师做了视频致辞。著名电视节目主持人、中华文化促进会主持人专业委员会委员林海老师莅临现场致辞。

尊敬的各位领导、嘉宾、老师,亲爱的同学们:

今天是一个有特殊意义的开学典礼。之所以称之为特殊,是因为我看到,经历了疫情考验的同学们,开学的第一天,目光中充满了生机,愈加坚定;特殊在今天有社会各界的领导和嘉宾、家长代表莅临,关注着同学们的学业与成长;也特殊在今天的开学典礼同时也是学校课程体系中的一部分:金牌主播课程的启动仪式。在学校中,课程无疑是重要的。

举个真实的例子,这张照片是十一年前我和一名学生的合影,他是我以前任教高中的一名学生,现在是国家青年竞走队队长。这个学生小学时,成绩一般,但积极参与运动会,而且频频拿奖,被教练特招进入竞走训练队。这个孩子的父亲因病早逝,母亲又患了癌症。

他在训练时因为营养不良而多次晕倒,靠着亲戚资助以及学校的捐助坚持体育训练,终于获得世锦赛的亚军。在颁奖仪式上,他把自己的运动鞋捐给了赤脚参加比赛的非洲运动员。发现学生的特点,搭建成长的平台,多么重要。一份关怀,一份助推,一种成长,一种感恩。

今天的主题是"水润花开"。孔子称水有五德:滋养万物,有德;朝向不变,必循礼,有义;浩大无尽,有道;流向几百丈山涧毫无畏惧,有勇;顺势而为,有法。教师如水,课程如水,各方支持如水,学生如花,我们期待水润之处,花开香远。

2020 年 8 月 31 日

为学诚笃立志　为生学古探微

——2019—2020 学年度上学期开学典礼致辞

亲爱的同学们、尊敬的老师们:

今天,我们在这里隆重举行 2019—2020 学年度上学期开学典礼。沉寂了一个暑假的校园因为你们的回归充满儒雅的气息和青春的活力。首先,我代表全校师生员工对预初学年的新同学表示热烈的欢迎! 你们在人生最富想象力的阶段,怀着多彩的梦想,相聚在学校这一知识的殿堂,静谧美丽的校园是潜心学习的好地方,我相信你们一定会在这里用勤奋和才华为未来奠定良好的基础。

想和同学们探讨的第一个话题是:我是谁? 为了谁? 依靠谁?《中国教育报》8 月 12 日讯:中国共产党党员、中国科学院院士、我国著名作物遗传学家、华南农业大学原校长卢永根因病医治无效,在广州逝世,享年 89 岁。噩耗传来,多位中外水稻专家学者联名送上挽联:"水稻遗传一代宗师粮安天下,育种教人八方桃李惠泽苍生。"

卢永根罹患重病后,和夫人徐雪宾教授将毕生积蓄880多万元捐赠给华南农大,成立"卢永根·徐雪宾教育基金",用于奖励学校农学院品学兼优的贫困学生、忠诚于教学科研的教师,以及邀请著名农业科学家来校讲座。

一生清贫,却"裸捐"全部积蓄,卢永根这一举动让人动容。当被问及为何没将财产留给唯一的女儿时,卢永根坚定地说:"党培养了我,将个人财产还给国家,是作最后的贡献!"

1930年12月,卢永根生于香港,家境殷实。太平洋战争爆发后,他在颠沛流离中度过少年时期,目睹侵华日军的暴行,体会到了家国离散、民族危亡,他说"是中国共产党指给我有意义的人生之路"。1947年12月,卢永根加入了新民主主义同志会。1949年8月,他加入了中国共产党。自此,卢永根自觉地把自己的前途命运和祖国紧密相连。

2018年1月5日,《中国教育报》在头版头条刊发了《心唯大我育青禾》稿件,报道了卢永根心怀祖国、一生奉献的感人事迹。2018年3月,卢永根获评"感动中国"2017年度人物,"感动中国"组委会给他的颁奖词开头就写道:"种得桃李满天下,心唯大我育青禾"。

几天前,《人民日报》官微推送了一个小视频:中俄黑河界碑边,一高一矮父子二人正在用袖子轻轻擦拭界碑上的国徽……平凡的人们总是给我们太多感动。视频发出不久,阅读量就超过10万人次。一个普通的画面为什么会迅速引起国人的共鸣?因为它触动了中国人内心最敏感的神经。在中美贸易战愈演愈烈、港独骚乱甚嚣尘上的时刻,我们该扪心自问:我能为国家做点什么?

在汉语里,"国家"的写法和西方的语言不同,一个字是"国",另一个字是"家",这个词本身就表达了中国人对"国家"这个概念独特的感悟:从以家庭为中心的传统,延伸到社稷为家、天下兴亡、匹夫有责的文化,进而升华到修身、齐家、治国、平天下的境界。在中国人眼里，家是最小的国，国是最大的家。可见，爱国主义是中华民族一脉相承的民族精神的核心，更是当代每一个中国公民的第一素养。

一代人有一代人的使命，今天的我们该为祖国做些什么？我们一起看一个小视频：中国经济总量超过意大利、法国、英国、德国、日本，成为全球第二大经济体，对世界经济的贡献率超过30％，是拉动全球经济的第一引擎；地球上最长的跨海大桥、最大的电网、最大的高速铁路网、最大的高速公路网都是中国公司修建的；中国的黄金产量、手机产量、汽车产量、造船量、水泥产量、贸易总额、互联网用户……都是世界第一。今天的中国山河无恙、国富兵强，强大的国力，稳稳撑起了国人的幸福和安全，中国人也终于可以扬眉吐气、无惧无畏。这不是因为世界友好了，而是我们的中国强大了。所以无论何时何地，当他问或自问"我是谁""为了谁""依靠谁"的时候，我们可以毫不犹豫地回答："我是华夏子孙，为了国家的富强，祖国是我永远的依靠。"

第二个话题，诚笃立志。2019年春晚，某青年演员在小品中表现不俗，热度、流量都有收获。随后，他在微博晒出某著名大学博士后录取通知书，令网友惊呼"居然还是学霸"。然而令人意想不到的是这张假冒的著名学府录取通知书却开启了他的人生噩梦。诚笃立志，指的是什么？是诚实、本分，宽厚为人，规范做事，历经时间打磨之后仍能留下来的印迹。守本分，是人性中最美的坚守，也是每个人最应该秉持的灵魂本真。本分与本事，如鸟之两翼、车之两轮，二者缺一难行。

一名有本领的优秀青年演员，颜值在线、演技服人，作为演员，只要每个角色都能塑造好，学历高低本不是关键；但他因为没有守住做人的本分，竟断送了自己的演艺事业。在互联网热点迅速变换的今天，为何舆情会在这件事情上不断发酵？因为他触碰了社会公众的道德底线。"本分"问题无处不在,有时一些看似是小问题,却常常被我们忽略,进而酿成可悲的后果。使人止步的往往不是远方的高山,而是鞋里的一粒沙石。目前在我们的校园中老师也看到了一些有碍学生健康成长,与校园环境、与学生身份、与校规校纪等不和谐的现象。我简单举例:学生见到老师低头走过,随意扔垃圾,破坏公物,在考试中存在违规行为,企图寻求所谓弯道超车(其实弯道超车本身就是一个伪命题,是要翻车的)。为此,学校将不断提醒同学们,我们共同扼住不良风气的滋生和蔓延。

"征服自己的一切弱点,正是一个人伟大的起始"。守住本分,才能够在纷繁复杂的社会里不分心、不浮躁,谦逊平和,恪守心灵的从容和淡定,在校园宁静的象牙塔中厚重自己的底蕴;守住本分进而升华为人的一种"道德的自觉",才能在令人眼花缭乱的物质世界中,身有所正,言有所规,行有所止。

2019 年清华大学自主招生考试中出了这样一则试题,设计在一定时间内对一间凌乱的房间进行整理的方案,看似简单的生活问题,实则综合考察了顺序、逻辑、力学等一系列问题。

教育是一脉相承的。中高考的方向反映社会对人才培养的导向和需求。同学们要全面地了解自己的兴趣、爱好、特长,克服自身弱点,增强内生力;广泛摄取知识,多阅读,勤动手,善探究;亲其师,信其道;脚踏实地,知行合一。

3. 做柔软而有力量的人

本篇目选取两则作者在毕业典礼上的校长致辞,鼓励学生让蓄力与沉潜成为日常,在不确定的未来里乘风破浪。

心怀向往,梦驰远方
——2020 届毕业典礼致辞

亲爱的毕业生同学、各位家长、各位老师:

大家上午好!今天,我们相聚,用一场走心的仪式来为我们的初中时代郑重地画上圆满的句号。在此,我想代表学校,向同学们顺利完成初中学业表示祝贺!向悉心指导你们的老师表达感谢!向在背后一直默默付出的家长道一声辛苦了!

每一届毕业生都有各自难忘的学习经历,你们尤其如此。年初突然爆发的疫情,让每个人都面临严峻的考验,令我们欣慰的是,面对这场灾难,同学们全力配合学校的防控要求,先是克服种种不适,自觉居家隔离,积极投入线上学习,复课以后,迅速调整状态,进入紧张而有序的备考中。正如作家弗朗西斯·培根所说:"幸运最能发现罪恶,而厄运最能发现美德。"多年以后,回忆起这段特殊的经历,你们会感慨人们在疫情中迸发的美德,在不确定性中的希望和坚强,身处逆境时的坚韧与忍耐,人与人之间的关爱和奉献。

今天过后,大家将奔赴不同的地方开启新的学习生涯,临别之际,我有一些话与大家共勉。

不要放弃求知。法国小说家左拉曾说："愚昧从来没有给人带来幸福，幸福的根源在于知识。"知识能为人类带来福祉，能为个人赢得尊严，所以，对知识怀有信仰，永远相信知识的力量，它能浇灌起生的希望，更会使精神和物质原本微薄的原野变成肥沃的土地！

不要放弃思考。不加思考的学习，学过的知识如风拂沙痕，终将消失殆尽，只有思考才能让知识内化为智慧。思考的本质就是认识根源，通过批判性的思考，种种现象显露本质，思维才会开始成熟，这是一切学习的有效方法，也是创新创造的根本！做一根会思考的芦苇，用思想来囊括人生天地、宇宙星辰！

不要放弃成长。万物生长，各自高贵。每个生命都有各自不同的使命，而他们都是为了成长为最好的自己。我们所处的时代充斥着各种各样的声音，人生的十字路口也将接踵而至，我希望同学们能打开双眼审视世界，回归自我、觉察内心，心之所向，素履以往，无论社会如何喧嚣，都对自己保持真诚，不随波逐流，不与世浮沉，从绽放出自己独有的姿态中获得至纯且悠长的幸福。

不会忘记，中考出征那天你们的明媚而自信的笑容，也不会忘记69天宣誓时你们笃定而坚毅的眼神，更不会忘记备考冲刺时专注而执着的身影，或许你们感慨最美的初中时光已经留在了学校，但我想说的，你们已经把母校最宝贵的东西带在了身上，那就是心怀向往，梦驰远方，足履实地，拓土开疆，无论到了何时何地，希望这股力量能给你最持久的激励！

我想你们也不会忘记，那些在教室里勤学苦练的日子，在操场上奔跑跳跃的日子，与同窗好友并肩作战的日子，一个人在深夜静静思索的日子。清风总是会遇见明月，空谷悄然绽放着幽兰。四年前懵懂的预初学生，如今也成长为自信的阳光少年，那么，把这段美好的故事珍藏在心底吧，带着时光的馈赠继续前行，我们这一代人的想象力,不足以想象你们的未来,如果你们依然需要我们的祝福,那么,向前吧,学子们!

今日启程,又是新的路途,愿你们的每一步都步履坚定,心明澄澈,愿所有的学子前路平坦,此生绚烂!

做柔软而有力量的人

——2021 届初三毕业典礼致辞

尊敬的老师、家长们,亲爱的 2021 届初三同学们:

又到了毕业季,对于不同年龄,不同教学经历的老师,毕业送行的心情可以说万般复杂,百感交集。有如同送女出嫁,有看到学生各得其所的欣慰,有依依不舍的亲情;还有学生出师的如释重负,儿行千里母担忧的柔情,送部队出征的激昂。总之,悲悲喜喜那都是老师们的事,诸君只管满怀豪情地出发吧!

作为校长,还是要叮嘱几句。同学们,中考虽结束,但这仅为人生之序曲。如果说人生是条线,那么中考是个点,没有人因为中考赢得人生所有,也没有人会因为中考输掉一生。重要的是在今后的路途上,你增了多少三识(知识、见识、胆识),确立怎样的人生目标,你的人生目标将是衡量一切的标准。在将来的人生旅途中,大家不仅关注你文凭的成色,更注重的是你为人的底色,也就是品德。我们学校力争培养柔软而有力量的人,就是无论你的身份如何,不要泯灭与生俱来的善良,不要抛弃藏在心底的纯真,因为,那是作为人的底色和理由,这是由内而外的原则。

我以第一人称讲述一则小故事:两艘演习战舰在阴沉的天气中航行了数日,我就在打头的那艘战舰上当班。当时天气已晚,我站在舰桥上瞭望,浓重的雾气使得能见度极低,因此船长也留在舰桥上压阵。入夜后不久,舰桥一侧的瞭望员忽然报告,右舷位置有灯光,船长问他光线的移动方向,他回答,正逼近我们,这意味着双方可能相撞,后果不堪设想。船长命令信号兵通知对方,我们正迎面驶来,建议你转向20度,对方说,建议你转向20度。船长说,发信号,告诉他我是上校,命令他转向20度。对方回答,我是二等水手,你最好转向20度。这时船长已勃然大怒,大叫道,告诉他,这是战舰,让他转向20度。对方的信号传来:这是灯塔。结果,我们马上改变了航道。

这是原则与个人魅力孰重的一个范例。道德原则包括:诚信、谦虚、忠诚、节制、公正、耐心、勤勉、朴素等。船长是典型的个人魅力论者,这一论调之所以令人趋之若鹜,是其号称能够让人们跨过事物发展的自然历程,迅速而轻松地实现个人效能和人际关系成果丰硕的完美人生①。而从灯塔的故事我们也看到了,原则是不可跨越的,人的一生包含了许多成长和进步的阶段,每一步都十分重要,需要时间打磨,并循序渐进。物质领域循序渐进的原则我们是容易接受的,比如大家认可拔苗助长不可取,而精神领域、人际关系以及品德方面的原则,很容易被人忽略而不予实践。在思维上走捷径,跳过关键步骤的想法还是在生活中经常闪现的。其实缩短成长与发展的过程,平添的是失望和挫败感。承认自己的无知往往是求知的第一步。原则不同于实践,实践是个别的、具体的,原则是深刻的、基本的和普遍的。原则不是价值观,一群恶徒可以有相同的价值观,但却违背了良善的原则。

不与旁人相比,不把固定的社会模式强加在自己身上,忽略来自外界出于善意或无由头的嘲笑,以平常心迎接人生的种种挑战,心平气和地欣赏自己的优点,肯定自我价值。美国生物学家及教育家戴

---

① 史蒂芬·柯维.高效能人士的七个习惯[M].高新勇等,译.北京:中国青年出版社,2018:39-44.

维·斯塔·乔丹说:"没有正确的生活,就没有真正卓越的人生。"以自己制定的速度与步调逐步发挥你的潜能,享受真正的成功与恒久的幸福。

人有三种天赋:想象力能让我们在心里演练那些尚未释放的潜能;良知能让我们遵循自然法则或原则,发挥自己的独特才智,选择合适的贡献方式,确定自己的指导方针以便将上述能力付诸实践;自我意识天赋是积极处世的基础,能使我们在生活中发扬积极精神,施行自我领导——选择与担当。

人生总会面临选择——为选择而努力——为选择负责。社会抛出了问题,那我们就根据自己的发展来做出选择,没有标准答案,你的选择就是答案。也正是因为选择不同,所以才有人生的丰富多样,也才有遗憾与满足并存。所以,请选择你所热爱的,承担你所选择的!

只要不违背道德良俗、法律法规,那么人生的任何选择就只有色彩纷呈,没有高低之分。马上到来的高中,继而大学,进社会工作,你可以选择从政、从商、从教、从医……无论你选择什么,要选择适合自己的,体现人生价值的,这样就有意义,就有动力,就能持续。

选择,就是取舍,鱼和熊掌兼得的事情并不多,从辩证的角度看,无论怎样都不会尽善尽美。作家张晓风曾说:"青春太好,好到你无论怎么过都觉得浪掷,回头一看,都要生悔。"当然,承担也不是无底线的盲目坚持,实践、研判、修正,向更适合的路,继续前行。

人生选择虽然没有高低贵贱之分,但应该是有原则的。那就是个人的发展应该与国家、民族、社会的发展结合在一起,才能更好地体现人生的价值。2019年3月,习近平总书记在意大利访问时回答意大利众议长菲科的经典名句:"中国这样大的一个国家,任务非常重,工作非常艰巨。我将无我,不负人民。我愿意做到一个'无我'的状态,为中国的发展奉献自己。"这个回答,是习近平总书记奉献祖国"赤子之心"的生动写照。这是总书记的坚定选择,也是共产党人的勇于承担,是"大贤秉高鉴,公烛无私光"的崇高情怀,更是敢于迎接各种挑战、不畏各领域斗争的"无我"气魄。罗德奖学金创设人、戴比尔斯公司创始人塞西尔·约翰·罗兹曾说:"生活中的至高幸福是报效祖国。"

我们的学校是一所有历史使命的学校,也是有教育信仰的学校,培养"柔软而有力量的人"是我们坚定不移的目标!让这个世界因为你们的存在而变得更加美好。

最后,祝愿学子们常怀感恩之心奔向山高海阔的前景!

祝各位老师、家长心想事成!工作顺利!生活幸福!

谢谢大家!

4. 胸有成竹　擘画有道

——在 2020 届"中考誓师大会"上的讲话

亲爱的同学们：

2020 年，注定是不平凡的一年；而你们，也注定是不平凡的一届。不仅不平凡，而且十分地了不起。由于疫情的蔓延，我们的线下学习面临极大挑战，最终不得不将课堂搬到了线上。空中课堂的学习模式，是对你们自我管控能力的极大考验。智者顺时而谋，愚者逆时而动。同学们，我要为你们非凡的适应力和果断的行动力点赞，你们是了不起的！

中华民族本就是一个了不起的民族。在刚刚过去的两三个月里，应对疫情的肆虐，我们的白衣天使无畏生死、星火驰援，我们的人民警察等一线工作者鞠躬尽瘁、勇当先锋……大家都称他们为"英雄"。同学们，你们要知道，没有从天而降的英雄，只有挺身而出的凡人。面对疫情，其实逆行者也会害怕，毕竟，他们也只是普通人，然而，他们身上的责任与担当，让他们选择了挺身而出，而我们的社会也正因他们的责任与担当，凛冬将散，星河长明。

时间不可能停留在这个疫情肆虐的寒冬，中国人也从未在任何一场灾难中失去希望和奋斗。正如鲁迅所言："愿中国人，能做事的做事，能发声的发声，有一分热，发一分光，就令萤火一般，也可以在黑暗里发一点光，不必等候炬火。"人立于世，每个人都肩负着责任和使命，同学们不能反复咀嚼一己一时的悲欢，当下的责任就是学好知识、提升素质。69 天以后，我们将迎来中考，这是对过往九年学习成果的一次阶段性通关，比知识、比素质、比心理、比体力，也要比战术。

兵法云：善战者，致人而不致于人。就是说善于指挥作战的人，总是调动敌人，而不是被敌人调动。习总书记在战疫兵法中决策也强调："该出手时必须出手，否则当断不断，反受其乱。"所以，在这段时间里，同学们的自律，为你争夺更多的自由；不放过任何一个知识疑点和细节，为你打造更广阔的空间；保持良好的心态，做好当下，慎终如始，则无败事。

同学们，现在还感叹"这届毕业生太难了"吗？打不倒你的困难，必然使你强大！2020 年我们见证了太多的历史，2020 年你们也将创造属于自己的史诗！今天你们的父母、老师、好友与你们赴沪上之巅，登高远眺，让我们一起展望未来，祝你们乘风破浪、直挂云帆！

少年，只要你坚持，愿意耕耘你脚下的田园，用汗水浇灌大地，用足迹写出诗行，他日，你将归来，万马千军！

5. 与艺术的对话

艺术(Art)是指借助一些手段或媒介,通过塑造形象、营造氛围,来反映现实、寄托情感。好的艺术往往具有审美价值,具有美育功能。迪萨纳亚克在《审美的人》一书中指出,"美的核心形式是艺术,旨归是善","审美的人"即是"道德的人"。因此,可以认为美育本质上也是德育,美育是德育的高级阶段。德育应该借助美育实施,以"艺术化"的手段开展。

艺术教育,作为改变世界的力量,所改变的不仅是一代人的思想、经验和命运,也是一个国家、一个时代的心灵史。艺术教育关乎人文价值的坚守和传递、审美能力的启蒙、创造力的开启。世界在变动中,艺术在发展中,教育在革新中。在这动态的关系里,艺术教育时刻面临新的挑战与机遇。校长们是思想者、设计者、行动者和实验者①。

德育的艺术化处理,通过对德育的场景、语言、图形、细节、颜色等一些元素作柔化处理,从而达到在美的熏陶中实施德育的目的。德育的艺术化,有助于改变德育中存在的以宣讲为主,学生被动接受的现状,让每个学生都愿意主动地、自发地参与德育的过程,在完成德育任务的同时获得情感的愉悦。

德育工作的艺术化应该贯彻到方方面面,也就是说要全方位、多

---

① 邱志杰.实验主义者[M].桂林:广西师范大学出版社,2020:154.

角度、多侧面、全过程地实施艺术化的方略。在具体实施时,可从德育活动艺术化、德育场景艺术化、德育语言艺术化着手实施。

从艺术学校的德育到学校德育的艺术化

笔者原来所在的是一所艺体特色学校,从艺术学校的德育到德育艺术化,育人颇有成效。

这所学校始建于 1963 年,至今已有 60 年的历史,是一所集普通班和美术、音乐、体育特长班为一体的全日制公办普通高级中学。学校最初是市属重点中学,进行属地划分后成为普通高中,期间生源的层次不断发生变化。学生由于家庭背景各不相同,从小接受的家庭教育和价值理念不尽相同,尤其是部分学生来自单亲家庭,很多学生在行为习惯上存在问题,给学校教育教学工作带来了很大的压力。为此,学校领导团队不断寻求适合学校发展的道路,进行了种种探索与实践。

自 1995 年起,学校借助与师范大学相毗邻的地域优势进行转型,与师范大学联合创办了艺体特长班,使学校从普通中学的行列中脱颖而出,形成了多元化的办学格局。学校先后与当地的工业大学和篮球俱乐部合作办学,设置了美术、音乐、体育等多个特长专业,成了特色学校。学校因此为中央音乐学院、中央美术学院、清华大学美术专业、鲁迅美术学院、中国体育大学等知名学府输送了大量优秀毕业生,走出了一大批"全国高等院校艺术类招生考试专业课状元"。学校还被确定为国家运动队、高等院校高水平运动员生源基地、省级示范性高中、艺术体育基点校、多样化特色化办学试点校、高校录取"校长推荐计划"学校,为当地中等教育、学校艺术教育争得了荣誉。社会对这所学校的认识不再是一所普通高中,而是一所艺术特色高中。

原本文化课成绩平平的孩子们在艺体发展的道路上找到了成才的出路,这更加坚定了学校艺术办学的方向,将办学目标定位于"拓宽培养领域,倡导崇德尚艺,发展鼓励个性,打造特色品牌"上,将校园文化建设主题定位于"校园文化艺术化"的文化引领上,将教育方向定位于因材施教、培养各类型学生梯次发展的培养目标上。对于艺术特长学生,实行高位引领、高端输送、打造品牌。对普通高中学生赋予一定专长。这"三个定位"成为学校教育工作的核心原则,并从以下方面具体落实。

以校园艺术引领、明确学生学习目标,增强学生自信心。高中生心智逐渐由朦胧趋于稳定,此阶段重要的是为其成长的目标、发展的空间进行有效的指导和引领。"空袋不能直立",针对学校学生文化课水平偏低、缺乏目标感和自信心的特点,从学生入学起,学校即进行意向探寻和基本素质测试,由班主任和艺体教师共同为学生确立艺术发展的方向,帮助和引导学生走出盲区,确立奋斗目标,树立自信心,激发主动学习的原动力,使之走好、走稳艺术的第一步!

以浓厚的校园艺术氛围熏陶、感染学生,培养学生文化底蕴。在校园环境布置上,学校将走廊设计为艺术长廊,展示艺术作品,其中有经典作品,更有学生的优秀创作。学校还依据节日、纪念日、专题活动等不同主题举办书画展。清晨,学生们在教学楼中庭现场演奏;午休,校广播站播放经典乐曲,每一天学生都感受着校园里浓郁的艺术氛围,提升了艺术修养。

校园艺体活动日常化,为学生提供展示和实践的舞台。针对学生的特长,学校组织了管乐队、民乐队、舞蹈队、合唱队、篮球队、田径队。学生自发组织了探索乐队。学生们定期排练训练,参加各类比赛和演出,并参与社区演出。每学期面向家长的汇报演出、艺术节、新年音乐会等已形成系列。而且艺体活动也是一种加强管理的有效途径：新组建的音乐表演班，通过组织一台节目，缩短了磨合期，增强了凝聚力。活动中学生的青春懵懂得以抒发，才艺得以展示。

日常行为习惯管理融入校园艺术修养教育中，变制约为引导，妥善处理敏感问题。 通过家庭情况问卷调查等形式，发现学生单亲家庭占比为20%左右，个人租房生活占比约为10%，父母不在身边、老人照管的占比约为20%。家庭教育的缺失使部分学生生活和思想缺乏正确引导，如艺体生早恋的比例较高，约为60%。针对这种特殊情况，学校督促教师利用每周班会开展美育教育，将行为规范融入其中并形成系列，以学生易于接受的角度促进其心理的良性发展。

突出大型艺术活动的教育效果，发挥精品效应。 组织大型活动是对学生的能力、品德、纪律，以及教师队伍素质的全面考验和检验，是体现自我价值和弘扬荣誉感的大好机会。2011年学校代表所在区承办了以"水润花开"为主题的高雅音乐进校园专场音乐会，对内对外精品展示效应明显。原高一高二表演班多名同学自参加"水润花开"音乐会演出后，对待自己的专业更加热爱了，对高雅艺术有了更深刻的认识和理解，更加明确了学习目标。为了排好音乐剧《猫》选段《回忆》，学生在老师指导下反复精心排练，亲手制作道具、演出服，揣摩体会角色内心世界，使得《猫》的演出获得广泛的好评。除了"水润花开"专场音乐会演出之外，《猫》还参加了2011年中国某市第五届国际动漫周中动漫剧单元的比赛，并获得了唯一一个一等奖！学校也因特色办学和同学们的出色表演被确定为"中国国际动漫基点学校"。一场音乐会很好地普及了高雅艺术，让每一名学生都参与其中，音乐会后同学们学习热情高涨、劲头十足，几位同学排演的语言类节目《笼中鸟》，被省教育厅确定代表本省参加2013年的全国中小学生艺术展演，获全国二等奖，2014年获市校园心理剧展演一等奖的第一名。体育特长学生组成田径、篮球代表队，参加省内比赛并获多项殊荣。这是大型活动的效果在学生身上的风采展现。

引导学生艺术"追星",发挥身边榜样的力量。学校毕业生中"快女"选手所表现出的"执着"精神,潜移默化地感染着学生,使之在"追星"的过程中,循着积极的方向前行。

水润花开:德育场景的艺术化

德育场景是指具有德育氛围和德育能量的时空形态和现实背景[①]。通过创设富有美感的德育场景,让德育在美的环境中濡染心灵,让德育在美的形式中陶冶情操。

关于"水润花开",孔夫子曾称"水有五德":有德、有义、有道、有勇、有法;《道德经》中也有"上善若水""水善利万物而不争"之语。"水"有着非常多的美好属性,在笔者看来,所有从事教育的人、所有的教育参与者都应该如水一般,而学生如花,我们教育的使命便是"水润花开"。在自然界中,每一株小花都有自己的基因,最终它们都会绽放出独一无二的花朵,人的生命历程如同花的绽放,没有一种人生缺少旁逸斜出,没有一种人生不需要摇曳生姿,我们所开展的是关注每一位学生全面而个性发展的教育,我们希望学校成为学生个性发展的摇篮。

本着这种育人使命,新的学期,学校开展了以"水润花开"为主题的开学典礼。在开学典礼上,学生们准备了精彩的节目,这些节目,再现了真实的教育场景。18位学生齐诵原创诗歌《我们爱你》,讲述松江本土英雄人物及红色记忆故事,回顾学校建设发展历程,表达对革命先烈的缅怀、对优秀历史的追忆、对壮丽青春的承诺;6位学生通过人屏互动,进行《病虐桀桀危亡处,汝心灼灼护国安》演讲,他们

---

① 张银秀,杜玉清.关于构建学校德育场景的思考[J].湘南学院学报,2004(04):94-97.

以赤子之心向疫情期间以慷慨之姿奔赴"抗疫"前线的松江逆行者表达敬意,对进驻机场、支援口罩厂、坚守道口的工作者和志愿者表达敬意;学生与老师们一同登台演绎情景剧《复学第一天》,生动地再现了居家学习期间,家访老师调解因偷玩游戏而引发的亲子矛盾;学校合唱团、舞蹈队、朗诵社团带来节目《璀璨梦想,共同托举》,在《夜空中最亮的星》的和声中,共同表达着对未来的美好希冀。

2021 年是中国共产党成立 100 周年。百年来,少先队员们在党的领导和关怀下健康成长,幸福生活。为了进一步展示少先队员积极向上的精神风貌,增强少先队组织的凝聚力,坚定队员理想信念,激发队员们的历史责任感和使命感,学校啦啦操队参加了少先队区工作委员会举办的"童心向党,幸福成长"少先队课间活动操选拔赛。伴随着节奏欢快、动感活泼的音乐,队员们的课间操动作整齐优美。参赛的队伍变换队形,创意十足,或高喊口号,朝气蓬勃,展现出新时代少先队员朝气昂扬的精神风貌!活动的举办既激发了少先队活力,促进少先队员身心健康发展,也培养了少先队员们的先锋模范意识和荣誉感。

为了进一步学习贯彻习近平新时代中国特色社会主义思想,围绕立德树人根本任务,积极培育和践行社会主义核心价值观,学校积极参与了松江区教育系统在工程技术大学泗泾附校举行的"童心向党·唱支红歌给党听——传承红色基因 争做时代新人"2021 年松江区中小学生合唱比赛。童心向党,颂歌咏怀,学生们的演唱充满感情,既很好地表达了歌曲意境,又体现出未成年人的理想追求和高雅的审美情操,合唱团的演绎充满特色,现场表演极富感染力。

同学们在积极的、健康的、向上的、艺术化的德育场景中开阔视野、净化心灵、陶冶情操,在潜移默化中受到启迪和感悟,在思想境界的升华中更懂得人生的价值追求。古人云:种树者必培其根,种德者必养其心。德育应该濡养心灵,化堵为疏。

春风化雨:德育语言的艺术化熏陶

德育工作的艺术化应该贯彻到方方面面,也就是说要全方位、多角度、多侧面、全过程地实施艺术化的方略。教师实施德育的过程,也应该成为德育艺术化实践的主阵地,用艺术化的言语实施爱的教育。学校探索"全员导师制"培养模式,导师制根植于学校文化的"爱·感恩",促进了师生之间互相成就,形成紧密的师生共同体。目前,"导师制"在初三年级试点推行。每位学生匹配一位导师,导师长期动态跟踪结对学生的学习与生活情况,教师和学生之间建立一种"导学"关系,针对学生的个性差异,指导学生的思想、学习与生活。

王老师就是其中的一位导师。他不但个别辅导学生,有什么想法还与同学们一起分享,在分享中发挥"导师"的作用。有一次,王老师带了一盒彩虹糖作为礼物发给大家,孩子们很开心,每个人吃到了不同味道的软心水果糖。王老师因势利导,对同学们说:每个人的人生都如彩虹糖般色彩斑斓,每个人的人生也都如品味彩虹糖般充满未知,虽然未来是怎样的无法确定,但未来一定是掌握在我们每个人手中的。王老师的工作是导师们工作的一个缩影,他们不仅进行学科学习上的指导,也进行心理上的辅导,让学生感受到温暖。德与美是一对孪生姐妹,丰富深刻的道德感可以增强和深化审美情感,而"美"亦具有辅德功能,创造出一种舒适的、富有美感的教育氛围,带给学生无形的熏陶和濡染。在线下面对面交流的基础上,学校打造智慧平台实现线上评语,线上平台记录、保存师生的交互过程,生成学生的"AI 个性化成长报告",记录学生成长过程,激励学生长远发展。

艺术如水,学校凭借艺术特色办学等优势条件,德育工作以艺术活动模式开展已循序渐进形成常态,教育教学相辅相成的效果逐步显现;教师如水,学校系统的特色办学工作模式也锻炼了教师队伍,他们有着过硬的专业知识和柔软的育人心灵;学生如花,在艺术的滋养和教师的培育下不断成长。

我们期待着水润之处,花开香远……

6. 让每位学生出彩

学校秉持"立德树人，五育并举"的教育理念，坚守"为学生，为未来"的教育初心。目前，学校正处在守正创新的新时代，站在一个全新的教育起点。面对"十四五"规划，学校积极进行自我谋划与部署，力求使校本学程更丰富、更优质，充分满足学生未来发展的需求，为此，学校积极探索德育场景的课程化，构建"乐思"课程体系，让每位学生出彩。

满足学生发展需求

学校关注每一位学生的终身学习力。围绕"且思、且辨、且行"，积极创新构建学校 1.0 版本"乐思"课程体系。"乐思"的"乐"既可以读作"lè"，是"乐于"的意思，"乐思"即乐于思索、乐于思辨，在思考和思辨中收获学习的乐趣；也可以读作"yuè"，是"礼乐""音乐"的"乐"，意喻在学习中沉淀底蕴、陶冶情怀。课程目标指向学生的思辨素养、人文素养、责任意识和创新意识等核心素养的养成。

"乐思"课程体现跨界、融合、思辨的课程特质，多维提升学生的综合素养，让学生乐学、善学。

跨界。松江是拥有悠久历史的花园城区，有着丰富的人文资源和自然资源。拥有着得天独厚的地理位置，学校一直在思考如何将松江资源转化为课程资源、学习资源。整合社会、家庭、学校三方的资源，师生常常走出学校，比如学校开设的"行走课堂"，带同学们实地走入广富林、大学城、仓城历史风貌区；又如疫情期间的"走进云课堂"，学科老师带同学们走进"云端"博物馆、美术馆、音乐厅、科技馆和植物园。

融合。学校特别关注学科融合，日常分科教学能够为学生综合能力的形成打下基础，而不同学科间的融合教学，更有助于解决问题能力的提升。关于融合教学，学校也进行着诸项探索和实践。

思辨。即思考辨析。所谓思考指的是分析、推理、判断等思维活动；所谓辨析指的是对事物的情况、类别、事理等的辨别分析。我们的教育观念是，在面对未来的发展和挑战时，同学们需要一手持"矛"，一手把"盾"，"矛"和"盾"分别对应着学习力和思考力；当应对事情时，无论是"福"是"祸"，依然能够从容地一手持"矛"，一手把"盾"，这"矛"与"盾"就是思辨思维。未来的发展具有无限的延展性，只有培育学生的"学习力"和"思考力"，才能帮助学生通过利用有限的资源释放无限的潜能，助力学生获得更多应对未来的筹码。

学校"乐思"课程体系丰富，课程类型多元，有基础课、活动课、实践课、社团课等。特色课程，包括播音主持、创新思维、行走课堂、双语合唱、人工智能等丰富的课程。

"金牌主播"课程是学校联合高校与媒体专家开设的媒介素养课程，由上海戏剧学院教授、电视台主持人担任主讲人，通过专业、系统的训练来提升青少年的普通话水平，锻炼口语表达能力，让学生们能够做到"言之有物、言之有理、言之有情、言之有序"，获得从容自若的心理素质和流畅得体的表达能力。学校是松江区唯一的"金牌主播"青少年播音主持等级测评点。

此外，学校开设了"乒乓球""跆拳道""魅力排球""动感篮球"等体育专项课。在一期校园改造中，学校打造了跆拳道、乒乓球教室来为孩子们提供训练场地。教授篮球课的张老师是国家一级篮球运动员、国家一级篮球裁判员，邢老师是国家一级跆拳道运动员，叶老师是国家二级乒乓球运动员。

学校希望通过专业的师资和标准化的运动场地,让同学们即使只在中学的课程中,也能享受到大学般专业的学习和训练,激发孩子们强健体魄的意识和兴趣。

为未知而教,为未来而学

2021学年第一学期,学校课程体系也进行了迭代,2.0版"蓄力"课程即将上线,这个版本实现了课程群升级——课程以核心素养为导向,基于学生兴趣,建构人格力、语感力、思维力、审美力、调适力等7大学群,含26门课程;学习方式升级——以跨学科项目化学习的方式,增进高阶思维的培育,促进深度学习的发生。

打造德育活动矩阵

为了使学校课程更丰富、更优质,充分满足学生未来发展的需求。学校每月都以大型活动为主线,确立德育主题,将活动系统化,形成富有特色的长短课程。学校狂欢节、美食节、课程节、书香节等,深受学生喜爱。

狂欢节。狂欢节秉持创意、创造、创新的宗旨,以"全面发展"的办学思想为指导,通过丰富多彩的活动设计,发挥学生创意,锻炼学生能力,发挥学生特长,呈现多元、精彩、高雅的校园文化,展示活力、创意、智慧的学子风采,使广大学子在求新求变中探索快乐真谛,在多维发展中开启人文之旅。

活动主要由化装游行和游园会构成。化装游行每个年级一个大主题,每班小主题,每班至少10名学生参与化装游行,服装可自行准备,可以通过化装、造型、道具等自主设计个人形象。学校各年级组教师、行政人员、工会都积极参与。

化装游行中，六年级选择了真人电影 cosplay。主题选择哈利·波特系列、迪士尼系列、漫威系列等。七年级是古装汉服 cosplay，各班选择一个朝代或主题，身着相应服饰，可以是规范汉服，也可以是古装影视剧角色扮演。八年级是动漫 cosplay，主题范围是国漫、日漫等二次元人物。当天不参与化装游行的学生也可以自行穿着特色 cosplay 服装，但需以不违背公序良俗为前提。

游行结束后，同学们开始校园游艺，校园游艺分为操场游戏和教室游戏两个主阵地。操场的大型道具游戏有愤怒的小鸟、九宫足球、投壶、闯关障碍赛等，同学们凭借闯关兑换的奖章挑选奖品。

狂欢节活动是我校"乐思"课程体系中的活动课程，意在通过活动激发活力、发挥创意、塑造多元、感受青春。同学们在自由表达和团体合作中展现风采，释放创造力。

美食节。 美食节以"舌尖上的食育——以食立美，以食启智，以食促劳"为主旨，"美育"与"劳育"以融合的方式同时落地。

美食节开幕前，校园已经开展了宣传预热，让同学们体会美食背后的文化内涵、精神体现，感受美食之"美"。同学们精心绘制出一幅幅巨幅海报来描绘心目中最爱的"中华传统美食"以及美食背后的文化内涵，用色彩表达着自己对传统美食的喜爱和热情，用画面延展着悠悠中华美食文化。为了让学生体验厨房劳动，培养学生热爱劳动的积极性，"中华小当家，我的拿手菜"的活动给各路"小吃货"提供了大展身手的好机会，"大厨们"个个使出看家本领，大展身手。"感恩大自然馈赠"点绿行动让学生们在种植蔬菜的过程中，主动了解种植蔬菜的知识，体会探索的乐趣，在观察实践的过程中增强亲子交流，享受家庭活动的乐趣。"美食达人"知识竞赛，或小组合作，或单枪匹马，"美食小达人"游刃有余地游走在美食知识的世界里，在班会课上开展的美食知识竞赛丰富了学生的饮食文化知识，提高饮食文化品位,了解了健康饮食理念和用餐礼仪。"美味与光盘同行"校园自助餐活动中,一排排样式丰富的美食、一条条井然有序的队伍,同学们在文明有序的队伍中挑选心仪的食物,脸庞绽放出简单而又纯粹的快乐。自助餐提倡学生根据自己的需求吃多少拿多少,力争人人光盘,"光盘少年"也有奖励领取。尊重每一粒粮食,杜绝每一次浪费,让勤俭节约、杜绝浪费成为良好风尚。

美食节活动中,同学们绘美食海报、捏美食彩塑,体会创造之趣;同学们览美食海报、谈美食知识,品味文化之美;同学们有序就餐、力行光盘,创文明之风。同学们不仅仅关注食物本身,更关心它背后的文化内涵和衍生的生活智慧,以及和它有着紧密关系的饮食礼仪与文明。活动化的课程中,同学们体会着美食背后的文化内涵、精神体现,感受美食之"美"。

"乐思"课程节。本届"乐思"课程节秉持个性、多元、融合的宗旨,以"全面发展"的办学思想为指导,通过丰富多彩的文艺活动和展览,充分展示乐思课程体系在本学期的教学成果,张扬青春、活力的学子风采,助力校园文化建设,赋能学生发展。

学科之美系列活动。举办学科海报、艺术作品征集大赛活动,学生根据本学期各学科学习内容,绘制相应海报、艺术作品,张贴于操场宣传栏。优秀作品汇编为《学校 2020 上半学期"学科之美"作品集》(见表 2-1)。

表 2-1　六年级第一学期英语学科之美单元主题

第二单元	可绘制家中宠物的画像,并模仿书中课文,写一首诗歌介绍自己的宠物;
第四单元	可以小队为单位绘制"理想职业"海报,介绍每位成员理想职业及理由;

第六单元	可绘制个人上学路线图,包含路线、交通工具、时间钟表示意图及沿途特色风景;
第七单元	可为校园绘制相关标志,设计相关英语标语,为校园增添不同色彩;
第八单元	根据食堂菜谱,绘制英文彩色菜谱(主图+菜名),优秀作品可张贴于食堂门口。

举办"学霸我能行"系列活动,教师将易错题、难题分类打印,张贴在教学楼各层走廊,请学霸留下解题方式及签名,每位学生可以拥有 10 张"点赞"贴纸,为喜爱的答案贴上"点赞"贴纸,助力学生复习本学期重难点内容,每个年级各学科评出 10 位"2020 学习之星"。

联合汇演。本届联合汇演开始时,由炫动啦啦课程带来一段啦啦操进行暖场表演,由金牌主持课程优秀主持人代表进行主持、串场,由校长进行开场致辞。正式汇演根据课程类型和性质分成智能风暴、国韵荟萃、海纳百川、乐动人生、美学工艺几大板块(见表 2-2)。

表 2-2 联合汇演节目单

版 块	节 目 名 称	时间(分钟)
暖 场	青春能量操	3
智能风暴	科学讲坛	5
	理化大型实验秀	5
	辩论赛	20
国韵荟萃	汉服故事朗诵	5
	汉字探源	5
	孙悟空三打白骨精	15

版　　块	节　目　名　称	时间(分钟)
美学工艺视频秀	篆　刻	2
	摄　影	2
	定格动画	2
海纳百川	德法字母歌	3
	双语歌唱《音乐之声》	10
	《冰雪皇后》配音秀	5
	英语戏剧	15
乐动人生	动感球操	5
	跆拳道	3
	总时长	105

春华秋实,怀着对艺术的敬畏,对艺术的热爱,学期末,学生通过展演展示了本学期"乐思"课程的璀璨硕果。始于初心,忠于使命,奋进未来,新的一年,构建更优质课程,助推学生全面发展,我们砥砺前行。

书香校园。至美人间四月天,时光因阅读而灿烂。为了营造浓郁的书香氛围,推进书香校园的建设,我校于每年四月举办"书香校园"校园悦读节活动,引导学生多读书,好读书,读好书,在师生共读、亲子共读中培养阅读习惯,传播阅读文化,提升阅读品味,发挥书香校园文化育人的价值。

开学校"书香集市"。"书香集市"的设计初衷为让旧书焕发新生,让闲置的书籍流转起来,继续发挥它的价值。学生和老师可捐出自己的闲置书籍,并领取"书友证",捐出的书籍由各班整理后,摆放在"书香集市"中,学生和老师可凭借"书友证"在"书香集市"中挑选心仪的书籍。

书香集市活动中,由各班级代表组成的"好书推介团"登上司令台向同学们介绍了本班的书摊造型、书籍种类以及特别推荐书目,热情邀请同学们前来挑选。随后,同学们一起在书香集市挑选自己喜欢的书籍。为了吸引"客流",同学们"各显其能",除了设计精美的宣传海报,配备了专门的"推销人员",有的班级还为前来挑书的同学准备了精美的书签和"盲盒"礼品,还有同学准备了才艺表演。经过同学们的通力合作,征集的图书基本完成置换。不少同学换到心仪书籍的当下便迫不及待阅读起来,在热闹中找寻到一处安静的心灵阅读之地。

校园"悦读节"自启动以来,分别开展了"诗词里的校园春天"即景赋诗、"我心目中的图书馆"绘画创作、"我心中的一本好书"板报宣传、"班级小作家、阅读之星、书香家庭"民主推荐等活动,旨在营造浓郁的书香氛围,推进书香校园的建设,引导学生多读书,读好书。

7. 追寻生命的价值

从觉醒的人开始,各自解放了自己的孩子。自己背着因袭的重担,肩住了黑暗的闸门,放他们到宽阔光明的地方去;此后幸福的度日,合理的做人。

——鲁迅《我们现在怎样做父亲》

《给大壮的信》一书是作家苗炜的著作。苗炜曾用笔名布丁,自称苗师傅,三联生活周刊的副主编,这本书是写给他的儿子大壮的。可以说,《给大壮的信》是一本混合了文学之美和人生智慧的书信集。三十多封信融合为一个贯穿始末的主题——希望孩子过一种什么样的生活。作为父亲,作者希望大壮能过一种"智识的、审美的、有道德感的生活,同时希望大壮能感受到家庭的温暖"。可以用一张图谱来呈现此书,如图 2-1 所示。

《给大壮的信》讨论的主题涉及"智识的生活、审美的生活、有道德感的生活"。从一定意义而言,教育也是如此。作为教育人,我们希望赋予学生什么样的学校生活呢?大抵也是关乎心智的、关乎美的、合乎道德律令的学校生活。此外,我们更贪心一些,希望学生在心智、审美与德行之外,拥有刚健的身体、勇敢的心灵,能够自律、适度节制……教育者总是希望学生再好一些,更好一些,与一切美好的词汇终身相遇。

在家庭中,父母该如何让孩子建立秩序感,如何引领孩子追求生命的价值?《给大壮的信》或许可以给我们一些启示。

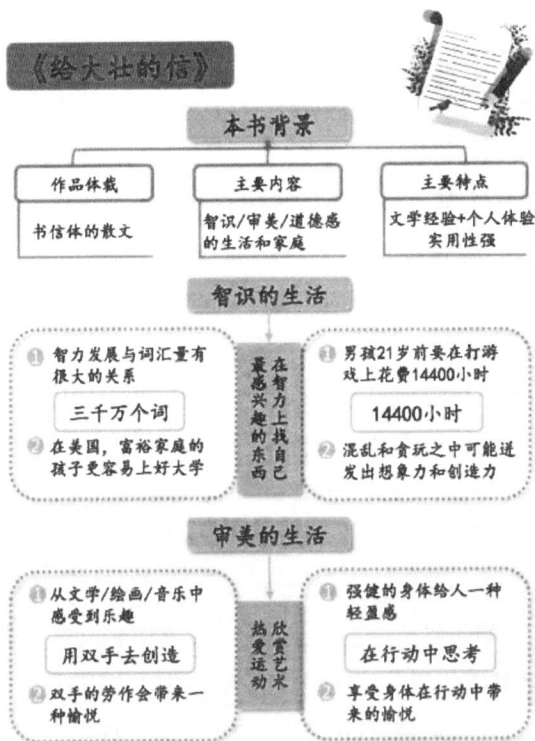

图 2-1　《给大壮的信》阅读图谱

在学校中，教师该如何与学生相处，如何陪伴学生追寻生命持续生长的力量？《给大壮的信》或许也可以给我们一些参考。同时，为让学校之家的温暖更为持久，一些刚性的准则可以给予我们前行的力量，实现柔软而有力量。

2021 年，教育部相继出台文件，要求学校加强作业、睡眠、手机、读物等五项管理，这五项管理看上去似乎是小事，实际上不是小事，而是直接关系着学生的全面发展和健康成长。

大量的脑与认知科学的研究表明，需要减少学生完成作业的时间,给予学生充足的睡眠时间。让学生有充裕的闲暇时间,开展基于兴趣的深度阅读,进行创造性的、审辨性的思维活动;尽兴玩耍、与他人交往,领悟道德感与分寸感;品味人生之美,观世界之美,过高品质的生活。

近年来,对人类大脑的运行规律与学生学习机制的研究有了突飞猛进的发展,在这种情况下,整合心理、脑与教育的一门新兴学科——教育神经科学应运而生。教育神经科学不仅关注学生学习行为的改变、学生学习愿望的激发等宏观层面的研究,也关注大脑在外部环境的刺激下形成神经连接或者改变大脑功能区以及功能联结等微观层面的研究。概言之,教育神经科学关注全人的研究与培育,也关注睡眠与读写,以及如何拥有品质生活和健康人生。

回到《给大壮的信》,这不仅仅是个人的经验之谈,书中更蕴含着深邃的人生哲学与养育科学。

写这本书的时候苗大壮小朋友三岁,书中是父亲写给儿子的三十八封信,满载着中年父亲的深情和人生阅历,围绕着美好人生的四要素——智慧、美、道德感、家,以讲故事的方式娓娓道来。信中花了不少篇幅讲述何为“复杂性”:与不确定的、充满矛盾的显性生活的碰撞时,作为父母、作为孩子,如何确定基本准则;怎么从文学作品里读出复杂性,怎么从绘画中领略到文学无法表述的质感与意境,以及怎么从一种低调的做派中辨别出真正的见识和教养。

他说,一个人成长的过程,就是变得复杂的过程——渐渐懂得孤独的价值、怀疑的价值、沉默的价值;渐渐能享受寂静的美、创造的乐趣、身体的愉悦;渐渐能容纳相互矛盾的观念在心中并行不悖。现年三岁的大壮,要从什么时候开始能读懂他爹写下的这些文字,感受到一个初为人父者略微心急的爱,并对其中的笨拙、焦虑和自我怀疑感到一种同情的理解?他会长成一个什么样的少年?按照苗炜自己的说法,他孜孜不倦地给儿子写了这么三十多封信,一个一以贯之的主题就是:"我希望孩子过一种什么样的生活?"

"希望"是他经过了斟酌之后使用的一个词。毕竟,"期待"这个词,在我们这个时代,似乎已经变成了一种毒药性质的存在,尤其是父母的期待。那么多的焦虑,那么多的不安,那么多的惶恐,无非是为了自己的孩子将来在这个丛林法则的世界里占据一个更好的位置。所以,稍微一点付出,就期待有回报,而期待和回报之间的差距,必然引发更多的焦虑和挫败感。但"希望"不同。"希望"这个词里似乎包含了更多的宽容和开放性,给了孩子某种自成其所似的空间。就像他自己在最后一封信的结尾写下的:"有一个电影里有这样一句台词,希望是个好东西,没准儿是最好的东西。"

对于孩子的成长完全没有期待,同样是一件很恐怖的事情。对于孩子的未来,我们到底可以期待些什么呢? 或者说,可以抱什么样的希望呢? 德国数学家大卫·希尔伯特有句名言:"我们必须知道,我们终将知道。"苗炜把自己对智识生活的追求传递给儿子,把自己对审美生活的向往传递给儿子,希望他欣赏数学归纳法中理性的光芒,希望他领略小说家知人论世的洞幽烛微,希望他从音乐中感受到生活不一样的维度,"一种辽阔的时间感",希望他过一种更有道德感的生活,即使身在一个野蛮的地方,也努力做一个文明人。

而且,他一再强调,智识生活也好,审美生活也好,道德生活也好,应该是持续终身的。他说,有些孩子,从小上双语幼儿园,看世界名著,拉小提琴或跳芭蕾舞,爸爸妈妈还带着去博物馆……看似拥有如此顺遂幸福的童年,等他们成年以后,却再也没看过一部托尔斯泰的作品,也不去博物馆改去电影院了,也不拉小提琴改唱卡拉 OK了。"你天天努力读书,上大学,学了二十年有了工作,然后获得了买东西和追美剧的资格,这好像有点儿荒谬。"

　　教育学家有这样的研究推论,这个时代青少年成长的关键问题,不在压力太大,而是无意义。很多孩子在学校里成绩很好,也没惹麻烦,但他们的人生没有方向。"为了某件并非他们选择的,也非他们相信的事情而努力奋斗,对于一个人的长期健康和自我实现是适得其反的。不可持续。只有一个有意义的人生,才能释放巨大的能量、创造力和深度的满足感"。也许,正是因为没有了生存的挑战,这一代的孩子在成长的过程中,才更需要意义感的支撑。我是谁? 是什么让我感到兴奋、充满活力,得到尊重? 是什么让我觉得生命更有意义?

　　就这些问题而言,我想《给大壮的信》会是一本很好的指南。

第三章

设计有力量的学习经历

　　一个人的软实力是指没法用证书考核的能力,比如思维能力、沟通能力、表达能力、领导力、快速学习能力、团队协作能力、性格品质、人格魅力等;硬实力是成长背景、学习经历、技能等级等可以证明的实力。硬实力和软实力的结合即"巧实力"。课程就是生长力、生命力、巧实力的力量积蓄,课程即学习经历,是生命的高瞻,是达成个性的生长。学校课程就是要为每一个孩子设计有力量的学习经历,贡献最伟大的智慧,提供最实在的生长力。

1. 一所蓄势待发的学校

这是一所蓄势待发的学校。近 30 年来,学校办学规模基本稳定,学校设施基本完善。抚今追昔,鉴往知来。站在改革开放的新起点上,学校正乘着打造优质品牌的东风,整装出发,书写学校改革开放的新诗篇。为此,梳理、分析、整合学校课程资源的发展优势与发展空间,是课程建设的首要问题。

学校课程发展优势

教育是面向未来的事业,教育的重要使命是点燃和唤醒,也就是说教育要点燃学生的学习热情,唤醒学生的成长自觉性。因而,尊重个性,赋能未来,让每个学生出彩,是我们教育工作者义不容辞的责任。面对日益发展、人才辈出的新时代,学校教育要进行积极地自我革新、自主发展。基于此,我校立足发展实际,积极创建特色课程,以课题引领,铺设课程,打造贯穿学习全过程的校本学程,以助推学生个性全面和谐发展。

以特色课程促进学生全面发展。学校落实五育并举,积极构建"乐思"课程。通过课程搭建,落实国家"五育并举"的教育方针,并对"五育并举"作校本化表达,力求使其更具有前瞻性、多样性、融合性、迭代性和可操作性。它包括播音主持、创新思维、劳动礼乐、行走课程、双语合唱、人工智能等课程。学校课程类型丰富,包括基础型课程、拓展型课程、研究型课程等。课程目标指向学生的思辨素养、人文素养、责任意识和创新意识等核心素养的养成。近期共开设了28门拓展型课程和研究型课程。

以课题引领完善学程设计。在教育教学方面,学校推行课题、课程、课堂加校本学程的"3·1工程"。学校成功申报了上海市教育规划课题"'全场景教学'的常态运行研究"。本课题基于解决传统教学中的问题,提出"全场景教学"的解决方案,借助信息技术,设计涵盖12年全学段(小学、初中、高中)的"全场景"教学的常态化运行方案,具体包括:构造"全程场景教学"流程、构建"全场景教学"模式、开发"全场景教学"学科指南、搭建"全场景教学"服务平台。通过建构"全场景教学"的理论和应用指导,来解决传统教学中教学场景断裂、教学空间分隔、教学针对性欠缺、教学互动不足的问题,并对智慧校园建设、课程体系建设发挥作用。此外,学校也在探索跨界融合的课题,跨界融合的理念是打破边界,即打破课程开发的边界。传统校本课程开发多依托校内教师的探索与合作,"跨界"则需要打破边界,整合社会、家庭、学校三方的资源。尤其是学校所在的松江是一个拥有悠久历史的花园城区,有着丰富的人文资源和自然资源。因此,学校思考如何将松江资源转化为课程资源、学习资源。在这方面,学校也有了一些实践,比如"行走课堂",带同学们实地探访广富林、大学城、仓城历史风貌区;又如2020年新冠病毒疫情期间的"走进云课堂",学科老师带同学们通过线上方式走进博物馆、美术馆、音乐厅、科技馆和植物园。

以多种途径促进教师共享成长。学校通过专家引领、名师指导、同伴互助和自主发展,促进青年教师的成长。青年教师的三阶培养模式是:0—3年见习教师、3—10年风格教师、10年以上骨干教师;三种培养路径是:学校传承、区级培训、专家指导。学校为每一位青年教师安排了教学师傅和德育师傅。常态化的听课、评课让青年教师能够充分学习老教师的教学经验和教学方法。学校还鼓励青年教师参与各项教学比赛,比如校内的教学比赛、松江区青年教师比赛、"名爵"杯等,学校坚信,参与比赛能够让青年教师开拓视野,加速教学能力的增长。在区级培训方面,青年教师认真参与区里的各项教研活动,学校英语组青年教师还通过拜师仪式与教研员进行了师徒结对。不论是现在还是将来,学校青年教师都会虚心向师父学习,不断完善自我。在专家指导方面,学校聘请了市级英语专家进行长期性的培训辅导,让青年教师能够有幸现场聆听专家们的讲座,提高教育教学的能力。英语组教师多次组队前往闵行区英语基地参与研讨活动,多次邀请专家来校办讲座,就考试命题、教学设计等方面进行深入讲解。

学校课程发展空间

　　站在新的起点,谋划新的发展,实现新的跨越,学校已找到了课程建设的思路和抓手。同时,在对学校教育哲学即"柔软又有力量"进行深度思考的基础上,学校对课程发展进行"顶层设计"。通过资源的深度开发和教师课程开发意识与能力的提升,一个以丰富多彩、多元为特征的学校课程发展新体系已展现在我们的面前。

　　学校文化的浸润与形成。学校文化是一个不断建设、反思、提高的整体工程,是学校可持续发展的动力,是学校综合办学水平的重要体现,是学校个性魅力与办学特色的体现,更是学校培养适应时代要求的高素质人才的内在需要。全面贯彻教育方针,不断深化课程改革,以中华民族的优良传统和社会主义核心价值观为导向,以优化、美化、净化校园文化环境为重点,践行社会主义核心价值观,营造自觉的学校文化,促进学生健康成长和教师的专业成长,为学校的可持续发展奠定基础。

　　课程发展架构不清晰。学校课程类别缺乏逻辑性,整体架构不清,特色课程还没有找准学校特色定位,缺乏学校特色品牌影响力。亟待相关具有高瞻性、可持续性的理论指导,形成逻辑清晰的、完整的、可拓展的课程体系。虽然通过"全场景教学"的深化研究,在基础型课程的校本化方面,学校对提高课堂教学的有效性进行了探索,但还需要进一步深入。针对学生需要、教师特长、学校基础、区域性资源等特点,开发、开设多样性的拓展型、探究型课程,逐步形成、完善校本课程,学校需要进一步努力。

2. 让心灵柔软而有力量

　　教育是价值的高瞻和意义的赋予。基于此,我们赋予"茸一"校名以教育意义:"茸"是指草初生时细小柔软的样子,喻指柔软的心灵。"一"是完整、全面的意思,意味着"完人"之意涵。是啊,教育就是为完整的生命赋能,就是让心灵柔软而有力量。

学校教育哲学

　　学校教育哲学是"蓄力教育"。"蓄力"即积蓄力量,指沉下心来把力量都聚集在一起。教育是一种力量,教育力量的发挥需要群策群力。"蓄力教育"是让柔软的心灵充满力量的素质教育实践形态,是教师以生命成长的赋能者身份给每一个孩子设计有力量的学习经历,使之成为有力量感的人的教育,是学校的教育价值观和内涵发展方法论。

　　学校认为,有力量的教育是温暖的,蓄力教育是温暖教育;有力量的教育是向善的,蓄力教育是向善教育;有力量的教育是安静的,蓄力教育是安静教育;有力量的教育是丰富的,蓄力教育是丰富教育;有力量的教育是积极的,蓄力教育是积极教育;有力量的教育是有大爱的,蓄力教育是大爱教育。学校把培育有力量的学生,造就有力量的教师,建设有力量的学校,作为办学宗旨。我们努力建设一所有反思改进力、有内涵提升力、有特色聚焦力的学校。为柔软的心灵赋能,为完整的生命蓄力,是学校教育的使命。为此,我们提出这样的办学理念：让心灵柔软而有力量。我们秉持如下教育信条——

我们坚信，

教育是一种力量；

我们坚信，

学校是蓄力未来的地方；

我们坚信，

教师是生命成长的赋能者；

我们坚信，

每一个孩子都拥有无穷的潜力；

我们坚信，

让心灵柔软而有力量是教育的全部意义；

我们坚信，

为孩子们设计有力量的学习经历是教育最美的图景；

我们坚信，

让每一个孩子做有力量的中国人是学校教育的神圣使命。

学校课程理念

在"蓄力教育"理念引领下，学校提出这样的课程理念：为孩子们设计有力量的学习经历。具体内涵如下：

课程即力量积蓄。学校的课程使命就是帮助儿童获得成长的力量。课程需为儿童提供适宜的环境、丰富的资源、恰当的方式、有效的途径、进步的喜悦、向上的力量。生命需要力量，需要不断开拓创新，保持心灵的美好，心泉清澈幽静，了悟人生真谛。用真心去呵护心泉，沐浴明媚的阳光，心泉流潺潺，温柔绵长，日夜流淌着真和善，不断升华自己的心灵，这样才能成就有力量的人生。

课程即生命高瞻。生命的意义，在于有正确的人生观，才能使宝贵的生命焕发灿烂的光辉。关注学习方式的多变性和场景性、学习时间的灵活性和可支配性、学习空间的多元性与舒适性、学习资源的丰富性和易得性,让所有的时空都释放出教育价值,让所有的时空都成为课程场景,让孩子们学习作品的形成、展示、发布、分享成为校园里最美丽的景观,让时空展现出生命成长的气息和活性,这是课程的一个重要表征。

课程即个性生长。张扬个性,生发灵性,让对话过程中每一个场景都成为积极的生命流程中的驿站;在彼此交往过程中认知、态度及价值观等方面进行交流与碰撞。因此,需要我们精心建设学校课程,整合国家课程、地方课程、校本课程,不断提升实施质量,努力为不同的学生提供尽可能多的选择性课程,让丰富多彩的课程满足不同孩子的学习需求,尽我所能地去为她们梦想的实现提供帮助。课程浇灌,让每个孩子在花期来临时,努力绽放自己。

课程即学习经历。课程是一个有计划地安排学生学习机会的过程。作为课程,不仅仅让学生掌握相关知识,更重要的是在学生积极体验和充分感悟的过程中,丰富学生的内心世界,在经历中收获正确的价值观。课程本就是一种动态的过程,是生成性的,而不是一成不变的。课程能让学生在探究和体验中经历学习,课程更为关注的是学习者学习的过程和方法,而非仅仅是学习结果。

总之,课程是促进学生心灵生长的载体,让学生在丰富的课程中发展自己,这就是我校课程变革的追求,我们也由此确定学校课程模式:生长力课程。我们期望,每一个孩子因学校课程建设而拥有无限生长的力量。

3. 成为有力量的中国人

学校根据时代发展对未来人才培养的需要,按照国家基础教育的基本要求和当代中国学生核心素养的发展框架,结合学校的教育哲学,以培养全面发展的人为宗旨,提出学校的育人目标,制定相应的课程目标。

学校育人目标

我校培养"柔于心,慧于术,强于体,力于行"的青少年,具体内涵阐释如下:

柔于心:爱家国,懂感恩;

慧于术:爱学习,会探索;

强于体:爱运动,乐生活;

力于行:爱实践,能坚持。

我们希望每一个孩子都成为有力量的中国人,他们身体有力量,精神有力量,大脑有力量,生命有力量。

学校课程目标

育人目标是通过课程目标达成的。为了实现育人目标,我们把4个育人目标进行细化,形成课程目标(见表3-1)。

表 3-1 学校课程目标表

目标维度	初　　阶	中　　阶	高　　阶
强于体：爱运动，乐生活	1. 认识自己的身体，掌握锻炼身体的知识及方法，学会一些体育卫生保健和安全常识，培养认真锻炼身体的态度。 2. 初步学习田径、跳跃、力量、球类等项目的基本技术，掌握简单的运动技能，进一步提高身体素质，提高身体基本活动能力。	1. 学会体育卫生保健和安全基本常识，培养认真锻炼身体的态度，熟练掌握眼保健操和广播操。 2. 学习田径、体操、球类等项目的基本技术，提高身体素质，提高身体基本活动能力。 3. 在体育活动中尝试与体验，感受体育运动的乐趣，体会体育运动的益处，体验到战胜困难、获得进步的成功喜悦。	1. 养成良好的锻炼习惯，掌握好九年级中考要面对的四至五个被测试的项目。 2. 收集并掌握更多的体育时事，丰富知识，以备综合能力考试。 3. 体验运动的乐趣，能够在玩中学，在学中锻炼身体。
慧于术：爱学习，会探索	明白什么是创新，强化创新意识，激起创新欲望。积极参与实践，进行深层次的思维，能提出问题。	明白什么是创新，强化创新意识，激起创新欲望。积极参与实践，进行深层次的思维，能提出问题，并初步提出解决问题的方法思路。领悟知识的同时，提出自己独特的见解。	明白什么是创新，强化创新意识，激起创新欲望。积极并主动参与实践，进行深层次的思维，能提出问题，并初步提出解决问题的方法思路。领悟知识的同时，提出自己独特的见解，并用科学的方法在实践中研究解决问题。

目标维度	初　　阶	中　　阶	高　　阶
力于行： 爱实践， 能坚持	培养初步感受现实美和艺术美的能力，培养审美的想象和联想能力。具有正确理解和善于欣赏艺术美的基础知识与能力；形成对于美和艺术的爱好。激发对艺术的兴趣，培养爱美的情感。培养和发展创造艺术美的才能和兴趣。	培养充分感受现实美和艺术美的能力。培养高尚的审美情感；培养审美的想象和联想能力，以掌握艺术形象。具有正确理解和欣赏艺术美的知识与能力；形成对于美和艺术的爱好。激发对艺术的兴趣，培养爱美的情感。培养和发展创造艺术美的才能和兴趣。养成美化环境以及生活的能力和习惯。	培养充分感受现实美和艺术美的能力。培养高尚的审美情感；培养审美的比较及分析能力，以区别真善美与假丑恶；培养审美的想象和联想能力，以掌握艺术形象。具有正确理解和欣赏艺术美的知识与能力；形成对于美和艺术的爱好。培养和发展创造现实美和艺术美的才能和兴趣。学会按照美的法则建设生活，养成美化环境以及生活的能力和习惯。注意发展艺术才能。
柔于心： 爱家国， 懂感恩	具有爱祖国、爱人民、爱劳动、爱科学、爱社会主义的思想素质，具有民族自尊心、自信心和自豪感；初步树立"为中华崛起而读书"的学习目的；学习并继承中华民族的传统美德和革命传统；相信科学，拒绝迷信。培养自觉遵守社会公德的意识；自觉遵守《中学生守则》和《中学生日常行为规范》；初步养成讲文明、懂礼貌、守纪律、	进一步培养"爱祖国、爱人民、爱劳动、爱科学、爱社会主义"的思想素质和民族自尊心、自信心和自豪感；具有初步的法制观念和法律意识，知法、守法；树立爱校、爱家乡的思想感情，树立为中华的振兴而刻苦学习的情感；相信科学，拒绝迷信和陈规陋习，初步具有科教兴国意识。养成自觉遵守社会公德的意识与行为习惯，继续养成文明的行为规范	了解我国基本国情和社会主义初级阶段界定的含义以及建设有中国特色的社会主义的基本常识；热爱中国共产党，了解党的基本路线和方针政策；具有进一步的法律意识和法制观念，懂法、守法；树立主人翁意识和民族责任心、自豪感，立志报效祖国；积极要求上进，争取加入团组织。继续培养与巩固自觉遵守社会公德与行为

目标维度	初　　阶	中　　阶	高　　阶
柔于心： 爱家国， 懂感恩	尊敬父母和长辈、尊敬老师，关心集体和他人，以为集体和他人做好事为荣的观念；勤俭节约，尊重劳动，爱惜劳动成果；初步懂得责任和义务的内涵；活泼开朗、乐观向上、积极 进取、勇于创新；初步具有辨别是非、善恶、美丑的能力；培养与同学友好相处，互相帮助、共同进步的良好品质；初步具有承受学习与生活上的挫折和压力的心理准备。	意识；自觉遵守《中学生守则》和《中学生日常行为规范》；关心集体和他人，以为集体和他人做好事为荣，能正确处理人际关系；珍惜时间和学习机会，有正确的学习态度和较为科学的学习方法；积极参与公益事业。 养成与巩固良好的个性心理品质；能够较正确地看待和评价自我和他人，具有初步的自我调控能力；珍惜时间和学习机会，努力学习，有正确的学习态度和较为科学的 学习方法；积极参与公益事业，学会养成先人后己的好品质。	习惯的意识，培养文明的行为规范；能自觉遵守《中学生守则》和《中学生日常行为规范》；心中有他人和集体；有正确的学习态度、学习方法，努力学习，立志成材；有较正确的人生观和世界观。 进一步养成与巩固健康、良好的个性心理品质；初步具有较稳定健康的包括兴趣、爱好、意志、情趣等在内的内在性格；基本形成较稳定健康的人际交往关系圈子，正确处理同异性之间的交往和友谊；初步具有用正确的观点、思想、方法观察和处理问题的能力。

4. 教有力量的知识

依据"蓄力教育"的教育哲学和办学理念,学校梳理现有课程,建构体现学校课程理念的蓄力课程体系,以实现育人目标。

学校课程结构

根据"蓄力教育"理念,学校设计包含语言、科学、思维、艺术、健康、社会等领域的课程结构(见图 3-1)。这 6 个方面的课程相互融合,共同促进学生全面发展。

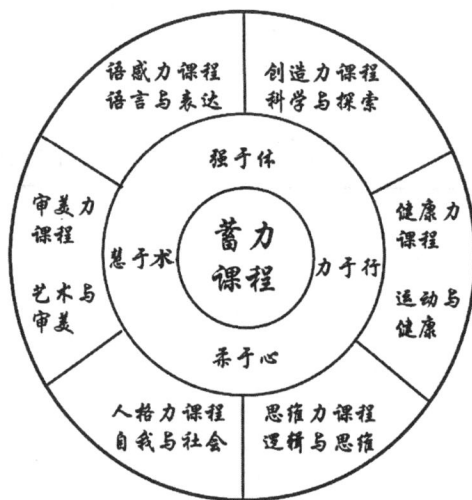

图 3-1　学校课程结构图

语感力课程：语言与表达

创造力课程：科学与探索

审美力课程：艺术与审美

健康力课程：运动与健康

人格力课程：自我与社会

思维力课程：逻辑与思维

1. "人格力课程" 指向六大素养之品格与修养，包括梦想起航、新生军训、安全教育、消防演练、14 岁生日、节日教育、百日誓师、毕业典礼、社会实践等。

2. "思维力课程" 指向六大素养之逻辑与思维，包括趣味数学、智汇地理、趣味物理、魔法化学、逻辑思维等。

3. "语感力课程" 指向六大素养之语言与表达，包括演讲与朗诵、群文阅读、英语趣配音、金牌主播等。

4. "审美力课程" 指向六大素养之艺术与审美，包括快乐音乐、美学鉴赏、绘画家、双语合唱等。

5. "创造力课程" 指向六大素养之科学与探索，包括机器人、趣味编程、未来世界、社会实践课程等。

6. "健康力课程" 指向六大素养之运动与健康，包括活力篮球、快乐足球、飞扬网球、跆拳道、艺术体操、自我、他人与世界等。

5. 让学科课程充满力量

"蓄力学科"以学科基础课程为核心,贯彻学校课程理念,依据学科课程标准的要求,根据学生发展需求,对学科基础课程进行拓展,构建有力量的"1+X"自能学科课程群。进而帮助学生完善学科知识体系,提升学科素养,提高学科学习能力,激发学习潜能与兴趣。

"蓄力学科"的建设路径

"蓄力学科"既落实国家课程标准要求,满足学生学习需求,又凸显学校文化特色。各学科组进行课程群构建时,关注学科基本属性,以课程标准的目标分类为领域,以学科课程资源整合为抓手,侧重厘清基础课程与拓展课程逻辑,使二者相辅相成,更好展示学科特色魅力,并系统思考实施路径。其基本呈现是构建有力量的"1+X"学科课程群。

"唯美语文"课程群。"唯美语文"课程群以"博学笃志,做美好的语文教育"为课程理念,打造"唯美课堂"平台,引领学生博学笃志,涵养诗意的性灵,全面提升学生的语文素养,做美好情怀的语文教育。语文学科课程群的构建侧重给予学生生命关怀和审美滋养,围绕语言建构与运用、思维发展与提升、审美鉴赏与创造、文化传承与理解等核心素养,以国家课程为基础,在阅读品味、口语交际、综合实践三个领域进行课程构建,包含"经典诵读""经典阅读"等课程,从而形成"唯美语文"1+X课程群。

"趣味数学"课程群。数学是思维的体操,它不仅具有高度的抽象性、严密的逻辑性,而且具有广泛的应用性。学校提炼出"用有趣的数学感悟生活的魅力"的课程理念,打造"趣味数学"课程群。课程主要以数学游戏和数学问题为工具,发挥数学在培养人的思维能力和创造力方面的作用,锻炼数学智能,以增强学生自我成就感,培养自信自强的公民为学科育人目标。趣味数学课程群通过动手操作、合作交流、成果展示等方式培养学生的自我成就感,提升学生的数学核心素养。课程群以国家课程为根本,结合我校实情着力培养学生的动手能力、实践能力、将数学应用于生活的能力。

"原味英语"课程群。学校打造"原味英语"英语课程群,旨在夯实英语学习的基础,鼓励学生积极主动开口表达英语,激发学生学英语的兴趣。英语课程群落实学生语言能力、思维品质、学习能力、文化品格等英语核心素养,同时使学生理解中西方文化差异,增强学生的自信心和团队合作意识,提高学生的综合语言运用能力。英语课程群的内容设置基于教材又不拘泥于教材,结合学校校情,通过英语歌曲学习和英语故事阅读,让学生感受英语语言的魅力。"英语趣配音",借助各种有趣的视频鼓励学生开口说英语,激发学生学习兴趣的同时纠正了发音,帮助学生练就一口流利的英语口语。课程群通过实施对话、交流沟通、配音、分享等丰富多彩的英语学习活动,让学生勇于开口说、开口讲、开口读。课程提倡创设真实性语境与活动,搭建应用平台,通过生活化现实场景话语、多样化活动,培养学生探究精神、创新精神,促成学以致用的思维品质。通过阅读并展演绘本、故事、小说、名著等活动,在团队交流与分享中提升语言综合运用能力,传播中国优秀传统文化,进一步加深对中西方文化差异的理解和尊重。

"润心道法"课程群。"润心道法"即以德润心,以法正行,润泽心灵,德法同行。"以德润心",就是要求学生修身养德,用社会主义核心价值观滋润心灵;"以法正行",就是要求学生全面提高自身法治观念和法律意识,使遵法、学法、守法、用法成为青少年的共同追求和自觉行动。《道德与法治》课程标准中明确提出:学习搜集、处理、运用信息的方法,提高媒介素养,能够积极适应信息化社会;学会面对复杂的社会生活和多样的价值观念,以正确的价值观为标准,做出正确的道德判断和选择;初步了解当今世界发展的状况和趋势。基于以上目标和校情、学情,学校开设了"润心道法"课程群,包括法律通课程和时政课程。"润心道法"课程群以"德润心灵,法护成长"为课程建设的哲学依据,以"立身为人德法兼修,家国情怀行走天下"为课程理念,并以培养智、德、文、法兼修的负责任公民为学科育人目标。

"智慧历史"课程群。基于对课程标准和历史学科素养的细化解读,以"纵情史海寻奥秘,徜徉古今明真谛"为课程开发的理念,学校打造"智慧历史"课程。课程依托国家基础课程,从探寻历史、聆听历史、感受历史三个方面拓宽学生的知识面,激发学生的学习兴趣,提高学生的动手能力,构建活动历史课程,使学生能够对青铜器本身以及其所蕴含的文化有一个全面的认识。

"智汇地理"课程群。"智汇地理"课程群的核心价值是树立科学的、可持续发展的地理观,地理学科以"学习地理知晓万物,运用地理助力生活"为课程建设的哲学依据,提炼出"心怀祖国,放眼世界"的课程理念,增强学生的地理学习能力和生存能力,使学生具备家国情怀和世界眼光,并能运用已有的地理知识解决身边的地理问题。依托地理课程标准、学生学情及认知特点开发和设置地理课程。七年级主要内容是世界地理,注重区域认知能力的培养,开设"手绘世界"地理课程,启发学生制作简易地球仪、地形图模型,绘制区域图等,运用成果展示、动手实践、实地考察等丰富的活动形式,表达、交流地理学习的体会、想法和成果。八年级主要内容是中国地理,以提升学生区域认知和综合思维能力为导向,立足学生人地协调观和地理实践力核心素养的培养,开设"话说中国"地理课程,启发学生搜集各种材料,展示中国的风土人情和民族节日,开阔视野;利用各种自然地理模型解释自然现象和环境问题,探讨产生的原因和解决方案,争做环保小卫士。

"魔法化学"课程群。所谓"魔法化学",就是美丽的化学、实践的化学、活力的化学。它以"用化学的眼光认识世界、改造世界"为课程建设的哲学依据,提炼出"彰显化学之美,助力智慧人生"的课程理念,打造"魔法化学"课程群,并以培养"乐学、实践、善思"的智慧公民为学科育人目标。"魔法化学"课程群旨在通过课程增长智慧,立足于变化守恒、宏微结合、实验探究、绿色应用等核心素养,在化学与生活、化学与实践、化学与情感三个方面进行课程构建。

"趣味物理"课程群。"趣味物理"课程群努力激发学生学习物理的兴趣,打造快乐的物理课堂。它以课程标准为依据,通过对实验、问题解决的创新,培养学生学习物理的兴趣,学生初步形成科学探究、科学创新的能力,并在探索中勇于创新,养成善于交流的习惯和培养团队意识。通过动手学习、合作探究、成果展示等培养学生的自我成就感,提升学生的物理核心素养。

"创意美术"课程群。美术学科通过分析《义务教育美术课程标准(2011年版)》发现美术课程的核心价值是树立正确科学的审美意识、创新意识以及培养其对自然和人类社会的热爱及责任感。因此,美术学科提炼出"学习创意美术,拓展思维美化生活"为课程建设的哲学依据,打造"创意美术"课程群,并以培养活跃的、有责任感的公民为学科育人目标。"创意美术"课程群结合本校实际情况,针对在校学生实际情况量身打造了不同类型的课程。

"激情体育"课程群。体育课程核心价值是增进学生健康,培养学生终身体育意识和运动能力。因此,学校体育学科以"学习体育增进健康,热爱运动幸福生活"为课程建设哲学依据,打造"激情体育"课程群。所谓"激情体育"就是以热情的体育精神,让活力四射的学生成为有着拼搏精神和优秀技术的体育人,以"增强体质,增进健康,终身体育阳光快乐一辈子"的课程理念,以"培养阳光的热爱生活的公民"为育人目标。"激情体育"课程群旨在通过课程,培养学生热爱运动、自主运动的习惯,掌握特殊运动技能。以国家课程为核心,紧扣课程标准对于学生运动技能的要求设置课程,力争使学生掌握1—2项终身受益体育项目。同时,结合中招体育考试要求,综合运动技能融入课堂常态教学。"激情体育"课程群依据课程标准在运动参与、运动技能、身心健康、心理健康与社会适应能力等方面的要求开设了跆拳道、篮球、足球、排球和艺术体操5门拓展课程。"活力篮球"课程旨在增进学生的身体健康,"快乐足球"课程重点培养学生的心理健康和社会适应能力。课程由简入难,循序渐进,贯穿初中四个年级。利用课余时间,根据不同年龄段所需的运动能力编制不同的学习内容,由任课教师组织实施,每个拓展课程都按照既定目标进行组织活动。

"快乐音乐"课程群。学校音乐学科将"音乐审美为核心,兴趣爱好为动力"作为课程理念,打造"快乐音乐"课堂,以培养灵动勤勉、善于创新的高素质公民为学科育人目标。学校立足实际,从学生特点出发,在原有音乐教材的基础上,自主开发"中英文合唱"课程,利用自主选修课时间和课余时间对学生进行训练。旨在增长学生审美素养,立足于音乐实践、音乐创造等核心素养,在知识技能、情感体验和学科综合等方面进行课程构建。六、七年级主要是合唱基础理论知识讲解与练习,八年级针对合唱多声部进行练习。

"蓄力学科"的评价要求

"蓄力学科"旨在打造动态课堂,促进学生勤学善思。"蓄力学科"的课程评价着眼于融通生活、增长智慧、滋养灵性、呵护生命。课程设计根据国家课程标准的要求,有明晰的目标、严谨的逻辑、递进的序列、科学的编排。教师评价着眼于课程规划与设计、课程实施、教学方案、组织能力、课程评价。学生评价既重视学习结果,更关注学习过程,保护、发展学生的个性特长,促进学生全面发展。"蓄力学科"的评价主体包括学校评价、学科组评价、教师自评、学生评价,评价形式根据学科特点进行纸笔测试、成果展评等(见表3-2)。

表3-2 "蓄力学科"评价量表

课程 名称		任课教师				
评价 项目	评 价 标 准		分 值			
			10—9	8—7	6—5	4—1
课程 纲要 (10)	内容完整,包括课程名称、适用年级、课程简介、背景分析、课程目标、学习主题/活动安排、评价活动等。因地制宜,体现学校特色和学科特点。课程内容设计以学生为主体,富有活动性、趣味性。					
教学 方案 (20)	目标	与课程纲要一致;清晰可评;兼顾三维;续写规范。				
	内容	针对目标,整合可得到的人力、物力、财力、时空、信息等资源。				
	评价	评价任务设计与目标匹配,且镶嵌在教学过程中;教与学的方法选择与目标一致;环节设计有利于学生的主动学习。				

续　表

课程 实施 (40)	学习目标	学生知道本课时的目标或任务，知道学什么，怎么学。				
	学习方式	具有多样化、适切性，学生能够经历听、说、做或演等多种学习方式。				
	学习活动	突出"在做中学""在研究中学"，问题解决策略和过程清晰，学生参与度高。				
	学习评价	聚焦目标持续地实施多种评价方式，评价主体多元化。				
课程 效果 (30)	学有所获	根据学生的听、说、做或演等情况判断，大多数学生学有所得。				
	学在过程	重视学生习得该知识与技能的过程与方法。让学生在活动中、体验中学有所得。				
	学的愉快	大多数学生表情愉悦，情绪良好，主动参与，积极性高。				
得分 总评						

　　90 以上为"优秀"，80—89 为"良好"，60—79 为"合格"，60 分以下为"不合格"。凡是合格以上等级的课程下学期才允许继续开设，"不合格"的课程需要重新修订。

6. 自由伸展的节日

校园是学生自由伸展的美好空间,更是文化扎根生长的舞台。学校根据学生的身心成长的阶段性需求,设立艺术节、科技节、体育节等综合性校园节庆活动。通过"蓄力节日"课程,搭建多种形式的学习平台,满足学生成长的需求。"蓄力节日"主题鲜明,形式灵活。节庆课程的实施综合竞赛学习、主题学习、服务学习等多种学习形式,促进学生在参与中获得体验,在活动中提升综合素质,涵养品格(见表3-3)。

"蓄力节日"的内容与实施

表3-3 "蓄力节日"的内容与实施

蓄力节日	课 程 内 容	实 施 方 式
艺术节	合唱比赛,校园歌手大奖赛,汉字书写比赛,美术作品展,软陶作品展	通过组织班级联赛、主题展览、成果展示实施
科技节	科技小讲堂、创意小发明、校园拍客评选	通过综合实践、成果展示实施
体育节	花式跳绳比赛,足球、篮球班级联赛,全校学生体质健康测试,趣味运动会,健康教育手抄报	通过体育课、大课间、班级联赛运动会、手抄报展示进行实施
传统节日	清明节文明祭扫　网上祭先烈	通过清明扫墓、主题报告实施
	端午节	手抄报、黑板报、实践活动

蓄力节日	课　程　内　容	实　施　方　式
传统节日	中秋节	手抄报、黑板报、实践活动
	重阳节	黑板报、实践活动
	元旦——新一年新希望	新年诗会
纪念日	"五四"青年节——放飞青春梦想	主题演讲、黑板报、手抄报
	教师节	黑板报、实践活动、征文
	国庆节——我和祖国共成长	主题朗诵、合唱比赛

"蓄力节日"课程的评价要求

"蓄力节日"课程的评价见表3-4。

表3-4　蓄力节庆课程评价量表

评价维度	评　价　内　容	评价标准	评价方式
学习态度与习惯	学习的态度	主动积极 专注认真，良好的学习辅助行为（笔记、查阅、回应）	通过自评、互评、组评、师评的方式，对学生参与活动的进行评价。通过个人申报项目表、活动记录表、互评打分表、小组报告等形式评价。
	课堂上的学习习惯		
学习方法与过程	师生、生生之间的有效互动	能够在节庆课程学习中做到自主学习，合作探究	
	参与节庆课程的次数和参与度		
	课程中解决问题的能力和方法		
习得效果与体验	学生个人特长和综合能力展示	达成课程目标，感受课程传达的精神，培养热爱传统节日激发创新精神	
	对传统节日的了解和热爱		
	养成创新意识和合作探索精神		

7. 行中有思、有学

研学课程包罗万象,是综合历史、地理、科技、人文和爱国主义教育等内容的融合课程。学校倡导以社会调查、参观访问、亲身体验、资料搜集、集体活动、同伴互助、成果总结等为一体的社会综合性学习形式,使学生能达到游中有学,行中有思,探索"蓄力之旅"。

"蓄力之旅"课程的设计与实施

"蓄力之旅"研学课程的实施以年级为单位,整合各学科课程资源、课内外资源、教师资源、家长资源,利用校本课程活动时间及节假日开展校内外活动。教师根据学科课程标准、学生实际情况设计研学手册、学习任务单,让学生在实地研学时,完成研学手册、学习任务单,形成研学报告。具体实施如下:

行走前 教师做好研学规划,制定课程纲要,设计活动方案和评价方式,在此基础上编制研学学材,发给学生。学生根据教师提供的研学纲要,查阅相关资料,做好研学功课,分组展示交流。

行走中 根据研学课程,教师做好活动计划,组织学生活动,指导学生边走边学。学生在行走中应善于观察和思考,勤于记录和整理,积极探索知识与社会、知识与生活的链接,在行走体验中感悟和内化。

行走后 教师指导学生根据研学评价标准,进行成果收集、整理、展示,在此基础上进行自我评价、小组评价、教师评价。教师撰写研学心得,学生撰写研学报告。教师负责结集成册,形成研学课程成果。

"蓄力之旅"研学课程的评价

"蓄力之旅"研学课程的评价重点,在于师生参与研学时的过程性评价,以及研学后的目标性评价、发展性评价。过程性评价从研学自我评价(如自我管理、实践活动、协作精神等)、教师活动组织指导评价(如研学方案实施、教师指导研学方式等)、家长参与度等方面进行。目标性评价侧重研学学习达成、研学成果的评价。发展性评价侧重学生研学之后,自我内在素养提升、研学活动认知提升、情感体验提升。

在实施评价中,注意多维度、多形式评价学生。如评价学生知识理解情况,可以采取测验法、调查法等,在形式上可以是抢答、PK、竞赛、反馈等。了解学生的态度、意识,可以采用访谈法、表现性评价等,形式上采取座谈、演讲、作品展示等活动。同时,关注教师和家长在评价中的作用(见表3-5)。

表3-5 "蓄力之旅"课程评价要求

评价维度	评价内容	评价标准	评价方式
过程性评价	学生参与研学过程的积极性	积极参与研学活动,认真记录整理研学过程的知识	1. 根据学生在研学中的阶段表现,结合积极性、参与度等,划分等级进行记录。 2. 按照活动小组的分工要求,对照实施标准,对活动组织的各个环节进行检测,根据活动完成情况,对研学的效度进行过程评估。 3. 举办研学成果评比展示,记入学生成长记录袋中,其结果纳入综合素质评价体系。
	学生在研学过程资料收集、记录和整理		
目标性评价	活动完成的情况	教师的工作以及学生的活动完成能符合研学活动师生共同制定的目标	
	教师工作的有效性评价		

评价维度	评价内容	评价标准	评价方式
发展性评价	学生参与研学之后的收获	在研学活动同时提升自我效能感以及成就感,实现研学课程认知的深度体验	4. 通过问卷调查和座谈等方式,向参与单位、学生家长、志愿者、服务合作部门等针对研学活动的效果进行评估。
	研学活动认知体验及情感体验		

总之,"蓄力教育"作为学校教育哲学,应融汇在学校课程建设的各个层面,引领课程建设,引领教师发展,引领学校文化。坚持以学生的发展为本,深入实施素质教育,充分利用学校和社会的课程资源,优化课程结构,全面体现办学理念的特色教育体系。学校召开主题会议,从中层到学科组分层引领教师学习解读并领会"蓄力教育"的精神内涵和课程理念,以各教研组为单位,结合学科特点,进行文化辐射,丰富课程体系。

第四章

每一堂课都是生命能量的交换

　　课堂是激发生命活力的地方,每一堂课都是生命能量的交换,每一堂课都是精神能量的转换。课堂生成的知识是实践的,而不是无用的;是具身的,而不是离身的;是丰富的,而不是单调的;是联系的,而不是孤立的;是有趣的,而不是无趣的;是真实的,而不是虚假的;是完整的,而不是片面的;是温暖的,而不是冰冷的。如是的知识是"有力量的知识"。

1. 勾勒未来学校的课堂样态

未来学校的课堂样态是怎样的？我们用"全场景教学"来描述之。

"全场景教学"的意涵丰富，可以从存在与现象（哲学）、激发与唤醒（心理学）、设计与创造（美学）、智慧与融合（技术学）、对话与合作（社会学）五个领域加以探讨。在"全场景教学"深化研究中，内涵与类型不断丰富。

伴随大数据、云计算、万物互联、人工智能等技术的革新，以人工智能为代表的第四次工业革命悄然来临，极大地改变了人类的生活与生产方式。教育与人类文明的脚步相伴相生。2020年1月，世界经济论坛发布的报告《未来学校：为第四次工业革命定义新的教育模式》中提出了"教育4.0全球框架"，对高质量学习进行重新定义，呼吁学习内容和学习体验需面向未来[①]。教育4.0时代，学生的学与教师的教随之发生了深刻转变。这意味着，未来学校的课堂生态亦将改变，或者说正在改变。

为谁培养人？培养什么样的人？怎样培养人？对于这些关乎教育发展的命题，我国提出一系列深化育人方式变革的大政方针，倡导"积极探索基于情境、问题导向的互动式、启发式、探究式、体验式等课堂教学，注重加强课题研究、项目设计、研究性学习等跨学科综合

---

① World Economic Forum. Schools of the Future Defining New Models of Education for the Fourth Industrial Revolution[R]. WEF. Switzerland.2020.

性教学"①,鼓励基础教育领域不断深化课程教学改革,勾勒未来学校的课堂样态。

我校力图运用"全场景教学"来建构未来学校课堂生态,用课堂重构回应国家对未来人才培养的要求。本文在深研"全场景教学"这一课题过程中,从场景理论溯源出发,结合具身认知理论,探索"全场景教学"的实践范式。

何谓"全场景教学"?

"场景"(Scenarios)原指戏剧、电影中的场面。从字面解释,场指处所、许多人聚集或活动的地方,景指景物、景色,拓引为情景、情况、情境等②。劳伦斯·佩尔温从人文生态的角度将场景界定为"一个特定的地方,在大多数情况下包括特定的人,特定的时间和特定的活动"③。场景也指一个区域生活设施的布局、功能、结构以及种类多样性的总和,用以体现该地区特有的文化与价值观④。由此,场景不仅包含特定场地和实物等硬要素,也包含人们置身于特定情境而产生的临场体验,以及与情境互动形成的心理暗示等软要素。所以,场景是主客观的融合与统一。随着人们在特定情境中表现出的外显行为及其内隐的文化意涵愈加丰富,场景这一概念在传播学、社会学、建筑学、商业等领域高频使用,教育领域也开始青睐场景这一内涵和外延广泛的名词。

---

① 国务院办公厅.关于新时代推进普通高中育人方式改革的指导意见,2019 年 6 月 11 日.

② 丁义诚等.常用字音·形·义·用:第 3 分册[M].北京:国防工业出版社,1998:334.

③ 梅罗维兹.消失的地域:电子媒介对社会行为的影响[M].肖志军,译.北京:清华大学出版社,2002:31-32.

④ 陈虎东.场景时代:构建移动互联网新商业体系[M].北京:机械工业出版社,2016:9.

"全场景教学"的分析维度

数字时代呼唤创新创意人才，信息技术的快速革新也拓展了产业空间。经济、文化、科学技术的多重变化催生了场景理论的诞生。21 世纪初，新芝加哥学派首次系统阐述了"场景理论"，用于诠释场景是什么（what）、在哪里（Where）以及为何重要（Why）。研究者们提出了场景分析的三个要素，即真实性、戏剧性和合法性，三个要素又细分为十五个子维度（见表 4－1）。

表 4－1　场景的分析维度：真实性、戏剧性、合法性的 15 个子维度

真实性	戏剧性	合法性
发掘真实的事与物 扎根体验 真实或虚假 认同 扎根	相互的自我展示 看与被看 合适与不合适 外观或外表 表演	以道德为依据的行动 倾听的责任 对或错 行动的意图 评估

注：丹尼尔·亚伦·西尔，特里·尼科尔斯·克拉克.场景：空间品质如何塑造社会生活[M].祁述裕，吴军，译.北京：社会科学文献出版社，2019：49.

　　其中：（1）真实性指什么构成"我"存在的本源，真实的"我"来自哪里；（2）戏剧性是关于表演的，即通过什么方式展现自我；（3）合法性关注道德判断，裁决对或错，其主要权威诉诸时间和空间。[①] 场景理论的适用领域更多地指向兼具生产意义、美学意义和关注文化体验的复合空间[②]，如城市，以及特定的文化空间，如社区与学校。

　　场景理论出现之前，人们常常很难明确说明一个场景具体包含

---

　　① 丹尼尔·亚伦·西尔，特里·尼科尔斯·克拉克.场景：空间品质如何塑造社会生活[M].祁述裕，吴军，译.北京：社会科学文献出版社，2019：37－80.

　　② 同①：1－6.

什么。场景理论出现之后,场景所具有的多重文化价值凸显出来。从场景到场景理论,渐次赋予特定地点以主体参与,注重空间、审美的和文化的切身体验,并不断丰富着时代内涵。

综上所述,"全场景教学"承继场景和场景理论的内涵与分析框架,并进一步赋予其教学意义。(1)真实性。"全场景教学"强调关注真实世界的真实问题,创设真实情境,激发真实的学习兴趣,生成真实的学习体验;(2)戏剧性。"全场景教学"倡导学生在学习过程中大胆想象,基于学习参与形成深度理解,生成富有创见的审美表达。(3)合法性。"全场景教学"不仅合乎教学规律,也关注价值引领,具有道德性,倡导基于正向倾听的欣赏式评价。

OECD将教育场景定义为一组想象中的可供选择的未来,未来学校将成为学习中心,涵育中学生"4C"核心能力:质疑批判和分析论证的审辨式思维;以创新人格、跨界思维和融合实践为核心的创新创造素养;以同理心、深度理解与有效表达为内核的沟通素养;包含愿景认同、责任担当的合作素养等。学习随时随地都在发生[1]。作为对未来课堂生态的一种想象,"全场景教学"力图创设贯通学习全时空的多元学习场景,实现学生的全人发展,即身体、认知、情意、审美等促进自我实现的全身心发展。

---

① 唐科莉.未来学校教育的四种场景:OECD《回到教育的未来》报告解读[J].上海教育,2020(35):46-49.

2. "全场景教学"觅踪

2019 年,国务院办公厅印发《关于新时代推进普通高中育人方式改革的指导意见》。《意见》指出"培养适应终身发展和社会发展需要的正确价值观念、必备品格和关键能力。积极探索基于情境、问题导向的互动式、启发式、探究式、体验式等课堂教学,注重加强课题研究、项目设计、研究性学习等跨学科综合性教学,认真开展验证性实验和探究性实验教学。"《意见》为学校推进育人方式改革提出了明确的要求。

校情分析

学校此前存在的主要问题集中表现在教学方面,即教师教得苦,学生学得累,以生为本的教育理念实现度低。在原生式的教学环境中,教师基于个人的教学经验开展教学活动,不同教学场景的连续性、不同教学空间的融通性存在着不足,进而影响着教学的连续性、精确性、高效性、双向互动性。具体表现如下:

教学方式有待进一步转变。新的教育理念还没有在教学中落地生根,教学方式仍趋于传统,需要做到以学为主,改变学与教方式,以生为本加强课程改革的步伐,回归教育的本质,增强遵循规律的自觉性。需要进一步探索"以学生的学"为中心的教学方式,以课堂教学和学案质量提升促进学生学习质量的提升。需要推进全科阅读,增长学生与学科知识相关联的见识。需要着力开展形式多样的高挑战性任务学习、跨学科学习和综合实践学习,努力培养学生的胆识。

教学评价研究有待进一步加强。 学校学业质量标准体系尚未完全建立。基于信息平台的学生综合素质评价需进一步丰富、优化数据类型和采集方式。强化数据定向供给的服务效能,形成全面性、过程性的学生数字画像。需要加强基于学业质量标准的考试命题研究,以评促教,实现教、学、评一致。

学生发展指导有待进一步完善。 全面推进全员导师制,加强与家庭、社区、高校合作机制建设,形成育人合力,为学生提供丰富的实践体验场所,指导学生做好生涯、学涯和生活规划,积极开展综合实践与素养提升的实践探索等。

改进目标

改变教学行为。 教师要变课堂教学的"主宰者"为学习活动的指导者、组织者和协助者。

改变课堂生态。 让学生学习变得更加主动、有趣、活泼,使教学活动更有目的性、针对性、实效性,使老师的教和学生的学变得更加有成效,更具有教育和生活的意义,实现教育本质的回归。

转变教学方式,提升教学质量。 促进学校课堂教学方式和学生学习方式发生大的转变,推进信息技术与教学深度融合,教育教学管理进一步完善,教学效益明显提升,教学质量实现新的突破。

改进行动

在信息化社会,智能科技解决了生活中的许多问题,为人们带来更加便捷的生活,那么,科技是否也能解决课堂教学中的难题呢?大班制课堂教学存在一个问题,即在课堂中,老师无法获得全部学生的即时性反馈,无法迅速掌握学情。学校在教室中安装了智慧黑板,学生在纸上或是 Pad 上作答后,通过拍照提交或按键提交,授课老师会立即收到作答结果,系统也会即时做出分析,包括提交数量、正确率等,这样,老师能在第一时间了解全部同学的知识掌握情况。

学校引入了大数据分析系统,能够对学生课后的练习及测验做出精准的、多维的数据分析,也能实现对学情的精准把握。同时,家长也可以通过系统查看孩子已经掌握哪些知识,欠缺哪些知识,家庭辅导能够有的放矢。我们希望通过智慧课堂的建设,科技赋能教育,让每个孩子都能被看到、被了解、被发现。

学校建构"全场景教学",解决传统教学中教学场景断裂、教学空间分隔、教学针对性欠缺、教学互动不足的问题。场景原指戏剧、电影中的场面,泛指情境。经概念移植,场景在教育领域指各类学习场景,及其相应的教学场景。全场景教学指通过信息技术与教学深度融合的实践与研究,联结不同学习场景,拓展学生的学习时空,助推教师基于数据诊断精准教学,进而实现指向学生成长的个性化学习。

依托信息技术,设计"全场景教学"的常态化行动方案,构造"全场景教学"流程、构建"全场景教学"范式、搭建"全场景教学"智慧平台。以此促进育人方式的转变,落实立德树人根本任务,全面贯彻新课程、新教材的理念和要求,提高教育质量,培养德智体美劳全面发展的社会主义建设者和接班人。

"全场景教学"的初探索

"全场景教学"流程初建构。以信息技术优化传统教学,推进信息技术与教学时间纵线——备课、上课、课后的深度融合。建构"全场景教学"流程,形成系统连贯、精准有效、智能高效的教学流程与课堂生态,实现对传统教学的革新。

备课:传统教学的备课主要是研究教材、设计教案,对学生的分析主要基于经验和平时的直观感受，对学情缺乏精准认识。课前基于数据分析以及作业反馈有助于精准把握学情，实现以学定教。"全场景教学"在云平台发布微课等预习资源，学生通过智能终端自主学习微课内容，完成练习作业，形成对新课的初步思考，教师通过作业反馈把握学情。

上课：传统教学的上课主要基于教师的课堂预设，采取以讲授为主的教学方法，学生活动以听课和部分代表回答问题为主。"全场景教学"通过智能服务平台的支持，开展多种形式的师生互动、生生互动，以提升教与学的有效性和积极性，并及时采集学生数据，实时掌握学情，形成下一步教学支持。教师利用智能教室的互动教学工具向学生智能终端发布课堂任务，学生的作答结果及时提交到显示终端，自动生成质量分析报告，教师灵活调整教学进度和重点，并组织实施小组讨论、合作、探究式学习。

课后：传统教学中学生水平的差异性与作业的统一性存在矛盾。作业评讲以共性问题为主，易出现教与学的不匹配。"全场景教学"借助信息化平台，利用课堂生成数据，实施差异化作业和个性化辅导。教师将录制好的作业讲解微课储存在云端，学生通过智能终端自主观看解析视频，及时订正作业；系统根据学生的操作痕迹，识别学生的薄弱点，基于资源库向学生智能推送微课资源，学生通过二次观看和学习，查缺补漏。

建构"全场景教学"范式。 融合教学是把传统课堂教学与网络教学融合为一体，包括线上的网络教学、线下的课堂教学和线下的实践活动。线上教学将教学资源公开在网络平台，让学生在线学习。课程内容以导学微课、拓展课程、特色课程为主，学生可根据自己的学习兴趣、时间，自主点播和浏览学习；线下实体课堂教学侧重对课程重难点的学习和师生间的沟通互动，对在线学习的反馈进行答疑解惑,对学习方法进行面对面的传授;实践活动安排线下(或者在线AR)进行实验、实训、社会实践等,使得理论应用于实践,培养学生的实践能力、创新能力。融合教学将传统教学和网络教学的优势结合起来,既发挥教师引导、启发、监控教学过程的主导作用,又发挥学生作为学习主体的主动性、积极性和创造性。

搭建"全场景教学"智慧平台。"全场景教学"的常态化运行需要依靠技术和平台的支撑。平台建设包括教研服务系统、备课服务系统、在线教学系统、在线学习系统、作业服务系统、在线评价系统等。系统架构可通过服务外包的方式采买,学校重点进行校本资源的开发和生产、平台的应用以及教学实践的融合创新。

3. 场景，让课堂更有力量

我们知道，教学中存在不同的场景，每种场景都有其不可替代的教育价值。从教学的时间纵线来看，有"备课场景"、"上课场景"和"作业场景"等；从教学的发生空间来看，有"面对面"的学校教学和"网上见"的空中课堂等线上线下场景；从教学的完成场域来看，有学校、社会和家庭等场景。为了达成最优的教学效果，不同教学场景理应智慧融合。

然而，在日常教学实践中，由于教学时空、教学资源等的限定，教师更多的是基于个人的教学经验，囿于教室的既定空间，采用有限的教学资源开展教学活动，学生的学习体验有待丰富。2020年新冠病毒疫情暴发以来，线上与线下混合学习成为新常态，但学生的数字化学习胜任力有待提升。教学场景分离以及信息化程度不足，导致学生的学习链条断裂，使学生的个性化学习难以实现。

全场景包含"时间全场景""空间全场景""内容全场景"和"生态全场景"四个维度。"时间全场景"指向贯穿课前、课中、课后的教学循环，将原本封闭的课堂教学优化为开放式教学；"空间全场景"指向线上与线下的教学交融，运用智能手机、Pad、电脑等终端，丰富线上学习，优化线下教学；"内容全场景"指向课件、微课、教案、题库等教学资源的共建共享，开展教学资源、学习资源的系统化建设；"生态全场景"指向社会、家庭、学校的良性互动，在教学过程中充分挖掘与运用社会、家庭资源,拓展学生的学习场域。

关注学段贯通　联通 K‑12

研究涵盖基础教育 K12 全学段(幼儿园、小学、初中、高中)的"全场景"教学的常态化运行方案,尤其是"互联网＋"条件下不同场景类型的"全场景教学"的教学范式及其在不同教学领域中的具体应用。依托信息技术与教学的深度融合,为学习者构建课前与课后、课内与课外、虚拟和现实融合的学习环境。培育学生适应、创造未来生活的数字化胜任力,以全场景教学助推全人教育的实现。

"全场景教学"的类型探索

面向不同学习体验,以学习者为中心联结点,创设技术支持的学习环境。全场景教学的场景类型多元,在学界当前提出的萤火场景、水源场景、洞穴场景和生活场景之外,还将探索:① 嵌入场景,回归教学内容的价值,将学习内容放置于实际应用场景;② 即时场景,抽象知识直观化,实现所见即所学;③ 沉浸场景,学生可对虚拟物体产生真实触感,获得沉浸式学习体验;④ 维基场景,实现多人协作的写作系统,学习者通过网络共同建构知识;⑤ O2O 场景,以学习者的真实学习诉求为中心的教学设计,连接线上线下学习;⑥ 跨界场景,跨越学科边界、学校边界与时空边界,培育学生的高阶思维等。

在实践探索中,教师逐渐明晰不同场景的价值与操作范式,从高频场景与低频场景的角度获取学生的学习偏好,从重度场景与轻度场景的角度丰富学生的学习方式。场景类型在研究中将不断优化与修正,以高频-低频(横轴),重度-轻度(纵轴)构成的四象限,统整各类场景(见图 4‑1)。

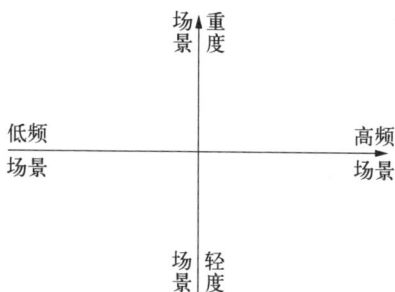

图 4 - 1　场景类型梳理

"全程场景教学"的范式建构

探索信息技术与教学的深度融合路径,具体研究关注点为:设计以**学情研判**为核心的备课场景,形成基于学情诊断的学程设计;设计以**多重对话**为核心的上课场景,形成基于学生表现的教学策略;设计以**个性辅导**为核心的课后场景,形成基于学生反馈的多元作业。全场景教学范式的初步设计框架如图 4 - 2 所示。研究重点为信息技术在学情分析、对话策略、个性辅导等环节中具体以何种形式对学生的学和教师的教提供精准支持。

"全场景教学"课程指南开发

"全场景教学"需适应基础教育阶段不同课程的课程特质,即基础型课程、拓展型课程和研究型课程。为讨论之便,学校将基础型课程分为文科大类和理科大类,将拓展型课程分为学科拓展与兴趣拓展,将研究型课程分为人文社科类与理学工科类,分别对每个类别进行特征分析,并在后续研究实践中再做进一步细化。全场景课程指南可形成"5+X"模型,其中,"5"是指全场景教学的共性要求,"X"是各类课程的个性化特征(见表 4 - 2)。

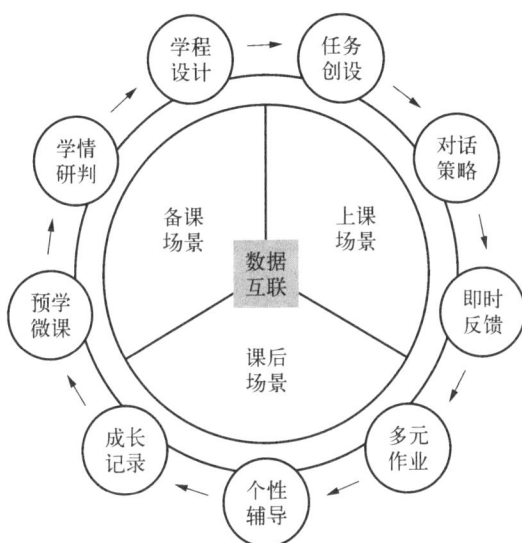

图 4‑2 "全场景教学"的范式建构

表 4‑2 全场景教学课程指南开发框架(基础‑拓展‑研究)

共性特征"5"	个性化特征"X"		
	基础型课程	拓展型课程	研究型课程
教学决策数据化 评价反馈即时化 交流互动立体化 资源推送智能化 学习辅导个性化	**文科课堂** 阅读资源库量化 文本批阅信息化 表达分享富媒化 鉴赏点评交互化 …… **理科课堂** 感受体验情境化 抽象探究模型化 实验过程数字化 微观结构可视化 ……	**兴趣拓展类** …… **学科拓展类** ……	人文社科类研究 理学工科类研究

"全场景教学"智慧平台搭建

"全场景教学"的常态化运行需要智慧平台的支持。学校搭建的"全场景"智慧平台,由"云资源—互动台—智能端—芯中枢"四部分构成。

(1)云资源为"全场景教学"提供资源管理与服务功能。其中的教学资源库是研究的重点,课题组将开发具有校本特色的 SPOC(Small Private Online Course),录制以基础导学为目的的课前微课,以重难点巩固为目的的概念微课,以经典例题型讲解为目的的例题微课,开发系统化的课前、课中与课后学习资源。

(2)互动台是群体互动平台,包含智慧教室,实现教学过程的多屏互动、智能展示等。辅以各种智能工具,如智慧黑板,引领学生深度参与课堂学习,有效地促进教与学。

(3)智能端分为教师端、学生端与家长端。教师端支持教师对教学资源与学习资源的维护、管理、推送、下载(见图 4-3);学生端支持学生利用在线资源预习、拓展学习,实现自主学习(见图 4-4);家长端支持家长参与、评价学生的学习。

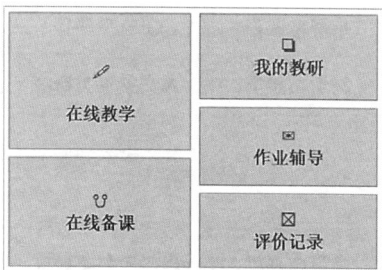

图 4-3 智能端—教师端

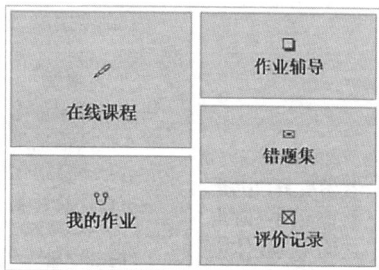

图 4-4 智能端—学生端

(4)芯中枢是信息处理、数据分析、系统控制等为智慧平台提供数据决策依据的中心。

表 4 - 3　智能端的模块系统及其功能

智能端—教师端		智能端—学生端	
备课服务	集成教学资源与备课软件	在线课程	课程资源和学习工具
在线教学	SPOC 智能推送、在线课堂	我的作业	基于学习表现的智能推送
我的教研	教研资源库与教学研讨模块	作业辅导	作业研讨与交流
作业辅导	在线交流、批阅与反馈	错题集	智能生成错题本
评价记录	基于学习表现的个性化评价	评价记录	成长档案

4. 有力量的课堂是身体在场的[①]

"全场景教学"和认知心理学中的具身认知理论（Embodied Cognition）相契合，后者场景依赖的、身体在场的、文化卷入的理论基础有力地支撑着"全场景教学"真实性、戏剧性和合法性的内核。

"全场景教学"具身范式的主要观点

具身认知作为席卷当代认知科学和心理学领域的一股强劲思潮，是对经典认知科学的反叛。经典认知科学认为认知是可以脱离身体的外在程序，与人的大脑和身体无关，是"离身"的。具身认知则认为认知从本质上而言是一种身体体验，是"具身"的。

具身认知理论兴起于 20 世纪 80 年代，有着认知科学、神经科学、现象学以及计算机等多领域的研究基础。其学术信条是：人的认知、思维、情绪、判断、推理、知觉、态度等心智活动是基于身体和源于身体的，身体与世界（环境）的互动决定了心智的性质和内容。具身认知以身体与环境的互动为参照，综合考量身体和环境对认知的影响。概言之，"认知是基于身体的，也是根植于环境的"[②]。

认知科学从"离身"到"具身"的发展对于"全场景教学"的贡献在于，提供了来自多学科的研究证据。建构一个新的教学范式，需要探

① 本文系 2021 年上海市教育科学研究一般课题"'全场景教学'的常态运行研究"（课题立项编号：C2021163）的研究成果之一。

② 叶浩生等.具身认知：原理与应用[M].北京：商务印书馆，2020：62 - 86.

讨其知识观、学习观与教学观,这展现了为什么这样设计教学,组织什么样的教学和如何实施教学的基本认知。基于具身认知的理论基础,结合场景、场景理论的内涵,"全场景教学"具有与身体感官互联的知识观、与生活世界共存的学习观以及与师生经验融合的教学观。

与身体感官互联的知识观。知识是未知的,知识产生于学习者真实参与的学习实践。从具身认知的理论来看,知识的建构是身体多感官联动参与的,包含但不限于听、说、读、写、观察、触摸、闻嗅、实验、调查、设计、创造等实践行动。脑科学的研究也表明,多感官同步参与的知识产生过程,可使得学习效率显著提升。此外,柏拉图曾提出"所有学习都有情绪基础"。近来,神经生理学和教育学领域的专家认为,情绪的确影响神经组织的结构,进而影响着注意集中、问题解决等关乎知识生成的心理要素①。"全场景教学"中,教师与学生是知识建构的合作者,联动身心感官,在学习支持的情绪场景中,共同参与知识建构。

与生活世界共存的学习观。传统的剥离身体与生活的知识与学习,是抽象的、概念的、符号的。杜威认为,这使得知识与学习变得异常抽象和书生气②。"全场景教学"的语境下,生活世界包含自我生活世界、社会生活世界和自然生活世界,分别探索学生与自我的关系、学生与社会的关系、学生与自然的关系。在广袤的生活世界中,学生成为诸多生活问题的观察者、发现者与解决者。"全场景教学"中,师生和生活世界共存,学生成为自我、社会和自然场景中的真实问题解决者,学习成为待探索、待确证、待对话的过程。

---

① 世界合作与发展组织.理解脑:新的学习科学的诞生[M].周加仙等,译.北京:教育科学出版社,2010:70-71.

② JOHN DEWEY. Democracy and education:an introduction to the philosophy of education [M]. New York:The Free Press, 1916:8.

与师生经验融合的教学观。学生的经验基础是教学设计的逻辑起点，教师的经验则是非常重要的课程资源。学习过程中始终渗透着学生与教师的个人的情感、价值信仰、理性认知和独特生活史①。"全场景教学"是学生与教师生命的相遇，基于学生生活经验，联通教师人生经验。其应然与理想状态是，尊重学生的学习，让定制化和个性化学习切实地发生。

"全场景教学"的具身范式建构

在实践中，我们常常会遇到这样的教学场景：在学习人类历史或异质文化时，学生常常囿于个人经验，缺乏感性共鸣与价值认同；在学习抽象概念与符号时，学生常常囿于认知边界，难以形成认知支架和深度理解。因此，"全场景教学"中"学习场景"的创设，对于学习的发生与深入显得至关重要。

具身认知的产生有实感具身、实境具身和离线具身三种类型②。相应的，在秉持"三观"（知识观、学习观、教学观）的基础上，"全场景教学"的学习场景也可分为三种类型，即实感具身场景、实境具身场景和离线具身场景（见图4-5）。

为对"全场景教学"的三种学习场景加以诠释，下文以学校的特色线上慕课"红色映画"为例。从2020年年初开始，学校"小青橙"青年教师学研团队自主开发了系列专题慕课，包括"'蝠'祸相倚"、"劳动礼乐"和"红色映画"。其中，"红色映画"以跨学科项目化学习的方式展开。

---

① 张良.具身认知理论视域中课程知识观的重建[J].课程.教材.教法,2016,36(03)：65-70.
② 殷明,刘电芝.身心融合学习：具身认知及其教育意蕴[J].课程.教材.教法,2015,35(07)：57-65.

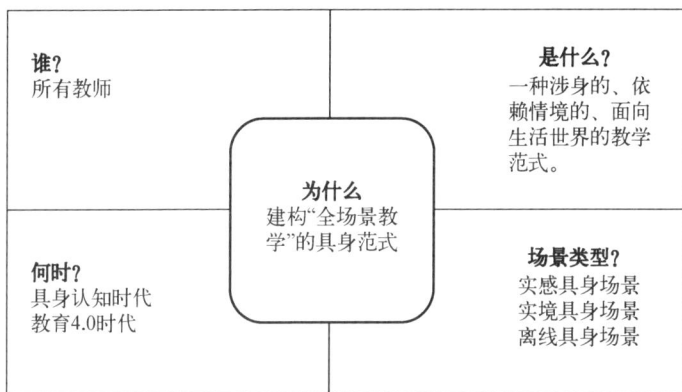

图 4‐5 "全场景教学"的具身范式

"全场景教学"的"实感具身场景"创设。"吃梅止渴"是实感具身场景的形象比喻。实感具身倡导学生亲身感受,即通过身体与环境或者实物直接接触,开展具身学习。

如在"文化与生态——红色旅游开发"和"红色双语导览手册设计"项目化学习中,项目实施前,学生通过历史课堂、学习学校的红色历史延承(学校是松江百年老校的校友会始创,吴志喜、侯绍裘烈士是该校校友)等,对松江的红色文化有了一定的认识和理解;项目实施中,学生亲身走进红色场域——松江博物馆、松江民间收藏馆,会产生有意注意,不同的学生因原有经验的不同关注点各有侧重,继而在项目后期进行重点整理时,开发出各具特色的红色旅游资源导览手册。本次导览手册设计要求是中英双语编辑,英语部分文字撰写中,学生已不囿于中文介绍的简单翻译和单词堆砌,更多地揉入语境,使英语介绍在语言上具备文学性、思维性、文化性。

又如在"重温'长征'——定向越野跑"项目化学习中,教师在耐力跑项目实施前和学生共同观看长征的有关视频,将情境导入到红军长征跨雪山、过草地的艰难和红军三大主力会师的胜利喜悦中;项目实施中,学生设立合理路线,做好准备活动进行越野跑。越野跑的过程要不断挑战自己的耐力,超越极限,由于刚刚重温长征的史诗,此时学生的情绪还沉浸于对人类历史的感性共鸣与价值认同,他们激励自己在现实中传承与弘扬不畏任何艰难险阻、顽强的长征精神,变畏难为克难,化不可能为可能;在项目实施完成后,教师计划不断巩固"长征越野跑"的成果,不断提升学生的体质水平和意志毅力,同时这种作用也将迁移至学生的其他学习生活体验中。

"全场景教学"的"实境具身场景"创设。"望梅止渴"是实境具身场景的典型表达。实境具身场景借助外在资源的设置与调度,实现情境的再现,触发学生产生感同身受的学习体验。例如看电影、电视剧时因自我代入或情感共鸣而流泪或者兴奋。这需要调动大脑中的默认网络,默认网络在回忆过去和假设、想象未来场景的状态下会被激发,进而产生创造力[①]。人脑中有两大重要的神经网络,分别是内部的默认网络与外部的任务执行网络。默认网络对应解释性和反思性思维活动,任务执行网络关注外在注意力和任务执行力。学习是内部与外部网络的动态平衡过程。

《觉醒年代》是一部庆贺中国共产党建党一百周年的革命历史大剧,深受青少年喜爱。"《觉醒年代》你看懂了吗?"慕课,便以该剧为教学载体,创设实境场景。首先,鼓励学生重新观看《觉醒年代》,以"在混乱的年代,马列主义是如何从理论流派之一变为破解当时中国现实困境的有力武器,并成为无数先辈的坚定信仰?"为驱动性问题,设计"你看懂了吗?"任务单,关注从新文化运动到中国共产党建立这

---

① Jessica R, Andrews-Hanna. The brain's default network and its adaptive role in internal mentation[J]. The Neuroscientist, 2011(18): 251 – 270.

一觉醒年代的社会风情和百态人生,回顾一百年前中国的先进分子和热血青年追求真理、燃烧理想的澎湃岁月,梳理新文化运动和马克思主义在中国大地生根发芽的始末。在学习过程中,围绕新文化运动、马克思主义中国化历程等核心议题组织学生开展深入的专题讨论,引领学生体悟革命先辈追求真理的过程,学生"代入自我"到影视剧的情境中,"亲身经历"远离现实生活的历史往事,实现从感性共鸣到理性价值认同的跃迁。从革命事例中深度理解马克思主义中国化的过程,是推陈出新的过程,是中西观念的冲突,也是异质文化与融合。例如,马克思主义历史唯物主义思想认为,人民群众是历史的创造者,是社会变革的决定力量,毛泽东因而结合中国的革命环境,提出"群众路线"。项目实施后期,鼓励学生给百年前的先辈写一封信,开启跨越时空的交流,形成"觉醒年代之信仰的力量"观后感,不仅回望历史纵深处的初心,也在历史交汇点展望未来。项目反思阶段,在多元文化共存的今天,世界存在多重声音,信仰的力量使得我们更为坚定,文化自信与制度自信使得中国少年更为强大。

又如,在"'东方红'——红色基因的宇宙航天探索者"中,面对"东方红卫星没有燃料,为什么可以一直绕地球飞行?"这一学习项目,以"卫星如何升空、卫星飞行的能量来源、卫星还可以飞行多久,才会回到地球"等问题链为线索,为学生搭建认知支架。从物理学的视角探究"东方红一号"升空、运转和返回的过程的原理,实现"东方红一号"相关核心概念和原理的迁移,形成项目化学习成果:如火星登录器的研制与设计,创作火星"绕着巡"科学幻想画,或者写一篇科幻小说。

"全场景教学"的"离线具身场景"创设。"想梅止渴"是离线具身场景的鲜活描绘。离线具身完全是不依赖具体的情境,通过学生自身的经验,或者他人的言语描绘,或者自己的心理想象唤起的具身效应。

　　"诗文中的革命硝烟"课程,通过聚焦领袖毛泽东井冈山时期、中央苏区(江西瑞金)时期、长征时期、全面抗战时期、解放战争时期等不同时期的诗词,助力学生领悟与感受领袖情怀、革命乐观主义精神和革命大无畏精神。例如,对"东方欲晓:战地黄花分外香"一句,教师按照项目化学习的方式设立了问题链:(1)黄花指的是什么花?学生根据自己的生长地域不同之所见说出了多种答案:油菜花、黄牡丹、菊花、黄花菜等。老师说这里的黄花是指菊花;(2)老师接着设问,菊花是香的吗? 同学们开始愈发活跃,有的说清香,有的说没有味道,有的说是苦的,还有的说我闻过,是臭的。老师说,你们的说法结合一下,苦味略带清香是菊花的本真味道;(3)为什么毛主席却说"战地黄花"分外香呢? 同学们可以按照小组学习的方式,通过平板电脑上网查找资料,更要结合当时的情境。同学们开始按照小组分别忙碌起来,5分钟之后,各小组推选表达能力最好的同学做发言,孩子们的发言相当精彩。学生"倾听-串联-反刍"之后,整理概述:菊花,花中君子,象征着高洁,比喻具有真诚品质的人,而战地菊花是用烈士的鲜血灌溉的,在炮火中挺立开放;同时菊花又寓意着健康,说明革命战争胜利是有着蓬勃的生命力。基于以上阐述,战地黄花格外美丽,格外香。

　　又如,"战火硝烟中的革命强音"一课是在《义勇军进行曲》和《黄河大合唱》的觉醒之声中激发与唤起学生对于中国近代历史的想象。大脑使用同一区域处理音乐功能与语言功能[1],即额下回、颞横回和Broca[2]。从层级结构特征上:"乐汇"对应"单词";"乐节"对应"短

---

　　[1]　杜醒,南云,周晓林,董奇.音乐与语言的认知神经科学研究进展[J].心理与行为研究,2009,7(01):76-80.

　　[2]　侯建成,刘昌.语言与音乐活动的脑机制研究述评[J].心理科学进展,2008(01):50-58.

语";"乐句"对应"句子";"乐段"对应"段落"。在音乐语言与文学语言的共舞中，历史映画在师生的面前。

无论是实感具身场景、实境具身场景，还是离线具身场景的创设，其终极价值都在于增进由具身认知理论带来的学习效应。"全场景教学"汲取认知心理学的研究进展，使得被经典认知科学"遗忘了的身体"和"遗忘了的环境"重新回归教学，极大丰富了学生的学习体验。

"全场景教学"的意蕴是不断拓展与丰富的。伴随人类大脑的运行规律与学生学习机制研究的深入，"全场景教学"也将汲取脑科学的证据，注重激发与唤醒，关注全人的研究与培育。也更为尊重学生的自主选择与主动参与，真正走向个性化与定制化学习时代。

此外，面向未来学校建设的"全场景教学"也力图超越学校有形的围墙，打破课堂固有的边界，联结各类课程资源，为学生构建校内与校外、课前与课后、虚拟和现实融合的学习场景。创设多元教学场景，触发场景本身的学习力，引领学生适应、创造未来生活，以"全场景教学"实现全人教育。

5. 智能技术，让课堂更具生命力

——一堂课的智化研究

1994 年 4 月 20 日，中国正式接入因特网。20 世纪 90 年代以后出生的孩子，被称为"数字土著"，由于他们生活环境和生活方式（数字化世界）的特性，其思维模式与之前的人们有很大差异，而他们的教育者则多数是"数字移民"。当今教育面临的一个问题是：作为"数字移民"的教育者，说着前数字化时代语言，正在吃力地教着生来掌握数字化语言的学生们。为此，应改革教育方法与内容，教师必须学会用学生的语言和方式与之交流。因此构建智能化学习服务平台，形成智化教学模式，也是适应现代学生的生活方式和学习特点，适应未来教育发展的需要。

所谓"一堂课"，是一个系统，它包括课前、课中、课后的一体化，也包括线上线下、虚拟和现实的一体化；所谓智化，指用智慧的方式，智能的手段优化一堂课。一堂课的智化研究，以发展学生核心素养为目标，运用信息技术通过构建智能化学习环境，实现线上线下、课内课外虚拟现实的信息互联、师生互动、资源共享的全场景教学应用。力图转变师生教与学的方式，实现智慧地教、智慧地学，并促进师生共同参与到相关的理论应用和开发研究中去。

一堂课的智化研究共含四个子系统：**技术支持系统**，主要是智慧教学智能化服务平台研究，包括数据收集和分析、算法实现、智能推送、智能批改等技术的实现；**资源支持系统**，主要是在课程标准、考试说明研究的基础上,教学和学习的资源库建设,包括微视频、电子文档(试题)、图片、语音、网页等学习资源,其核心内容是基于课程标准的试题资源;**教研支持系统**,主要是教师备课系统研究,建设教师智化备课平台,帮助教师实现自主性备课和共享性备课的统一协调,互动生成;**教学支持系统**研究,主要是构建学科智慧教学模式,形成信息技术与学科教学智慧融合的教学范式,包括情景呈现、互动展示、即时评价、巩固拓展、总结反馈等教学环节中的智化研究。

"一堂课"智能教学系统包括"一堂课"**云资源库**、"一堂课"**互动平台**、"一堂课"**芯中枢**、"一堂课"**智慧终端**。"一堂课"**云资源**,提供资源管理与服务,如云教研、云备课、云微课、云学习等。"一堂课"互动平台,主要指群体互动智能平台,如设有感知设备、智能黑板、智能展示等智能化教学设备与手段的智能教室。"一堂课"智能端,主要是个体使用终端,如学生智能端、教师智能端、校长(管理)智能端、家长智能端等。"一堂课"芯中枢,主要指信息处理、数据分析、系统控制、智能软件生成与人工干预等。

习近平总书记在中央网络安全和信息化领导小组第一次会议上强调:"没有信息化就没有现代化。"以教育信息化支撑引领教育现代化发展,必须坚持信息技术与教学深度融合的核心理念。2019 年 2月印发的《中国教育现代化 2035》,是我国第一个以教育现代化为主题的中长期战略规划,可以说是开启了中国教育现代化的新征程。《中国教育现代化 2035》提出,"到 2035 年,总体实现教育现代化,迈入教育强国行列""建设智能化校园,统筹建设一体化智能化教学、管理与服务平台。利用现代技术加快推动人才培养模式改革,实现规模化教育与个性化培养的有机结合"。因此,从国家教育现代化发展的角度看,加强信息技术与教学融合研究,构建智慧化学习服务平台,加快信息化时代教育变革是教育发展、人才培养的迫切需求。

6. 在学习共同体中互生能量

推进小组学习，从某种意义而言，就是建构学习共同体。1995年，博耶尔(Boyer. E.)立足于对美国的一些基础学校的调查研究，发表了一篇题为《基础学校：学习的共同体》(The basic school：a community of learning)报告，他在该报告中提出了学习共同体的概念，这是西方教育领域明确使用"学习共同体"一词的开端。博耶尔认为有效的学校教育，最重要的是在学校中建立真正意义上的学习共同体，即必须"有共享的愿景；能够彼此的交流；人人平等；有规则纪律约束；关心照顾学生；气氛是快乐的"[①]。1998年，梅耶(Myers)和辛普森(Simpson)在《重塑学校》一书中认为学习共同体是"每一个人都在学习的文化氛围中，在其中，每个人都是一个完整的个体，每个参与者都为学习和共同受益而负责"[②]。

小组合作学习的目的在于实现"1+1＞2"的学习合力，朝着共同的学习愿景，彼此守望相助，每位同学都处于学习的状态。

小组合作学习的背景

推进小组学习的目的是为了改变低效、无效乃至负效的课堂面貌。低效课堂的现实面相是多样的。

---

① 博耶尔.基础学校：学习的共同体[M].北京：北京师范大学出版社,2006：7.

② Sylvia M, Robert, Eunice, Pruitt.学习型学校的专业发展：合作活动和策略[M].赵丽等,译.北京：中国轻工业出版社,2004：5.

可能是：由于一个班里学生的水平是不同的，老师要照顾到大多数学生的思考、接受能力，如果教师总是鼓励个别孩子"抢答"，会干扰中等以及偏下水平孩子的思考，对于整个班级不利，也不算公平。这样的课堂会成为教师和尖子生的共同表演，看上去很精彩，实质上是教师和几个尖子生共同灌输其他学生。

可能是：学生都参与且表面热闹，似乎释放了孩子的天性，却没有按照规律去做，热烈讨论了许多假（小）问题，只有肤浅的知识技能，而无智慧、创造。

也可能是：课堂上线条流畅，老师讲得精彩，学生积极踊跃、回答正确。经仔细研究发现，实质是教师控制下的表面有点热闹的传统课。太过于流畅的课堂不太真，因为不符合规律。

推进小组合作学习之后，学校课堂的改进如表4－4所示。

表4－4 从讲授到合作：课堂改进的趋势

以教师讲授为主的传统课堂	关注小组合作学习的蓄力课堂
传授、圣人、简单问题、依赖、竞争、获得知识	建构、帮助者、复杂问题、自主、竞争与合作、学会如何学习

小组合作学习的内涵

小组合作学习指向学习品质的提升，实现合作学习由形式到本质的转变。强调合作学习的有效性，提高合作的效率，注重提升学生自主学习、合作探究的学习能力，最终指向学生的核心素养。

没有问题就没有合作；没有品德就没有合作；没有尊重就没有合作。小组合作学习具有如下特质：

自主性。 学习者把自己看作学习真正的主人，在高度自觉、自知、自信与自控状态中进行学习，学习者掌握自己的学习过程，督促有效学习的发生。在整个教学过程中教师起组织者、指导者、帮助者和促进者的作用，利用情境、协作、会话等学习环境要素充分发挥学生的主动性、积极性和创造精神，最终达到使学生高效掌握知识，迅速增长能力，提高综合素质，促进了学生的自我发展。

卷入性。 卷入性即全员参与性，围听、阵地攻防、互动展示等卷入机制使全体学生真正成为课堂的中心。充分考虑学生与学生之间的互补性，使每个小组的能力水平和知识视域基本保持一致，构成竞争态势。小组内的成员必须有明确的分工，要努力让每一个学生在小组学习中都有事可做，都有表现自己的机会，都意识到自己是小组中不可缺少的一分子，都成为小组学习的主人。

互动性。 合作学习实质是一种深层次的师生、生生双向互动行为。我们把"合作小组"定义为"阵地""小课堂"，把"学习组长"定义为"小老师"。我们强调学习成果展示必须为"互动展示"。

沉浸性。 学生在进行学习活动时会完全投入情境当中，集中注意力，并且过滤掉所有不相关的知觉，进入一种沉浸的状态，并引导学生追求思维的深刻性。

小组合作学习的实施

分组： 为保障讨论的充分，小组规模一般以 4—6 人为宜。采用异质分组的原则，遵循"组间同质、组内异质、优势互补"的理念。

各种职务可以轮换。 职责轮换有利于培养每个学生的责任感和合作意识，改变学生在小组中的地位固化（即有的学生始终处于控制地位，有的学生始终处于从属地位），给每个学生提供发展的机会，提高合作兴趣，用责任感促进全体学生的成长。

表4-5　小组分工列表

小组角色	主　要　职　责
小组长	负责本组所有工作的统筹协调。组织本组成员有序进行自主学习、合作交流、讨论学习活动并进行学习分工。
作业组长	统计本组当天所有作业的完成情况,对未完成者,督促补上。
学习组长	记录本组成员课堂评价分数。
卫生组长	负责本组成员个人卫生包括桌洞整洁以及组内区域的卫生。
纪律组长	负责维持本小组的纪律。对于课堂游离于学习之外的同学及时提醒和制止。维持课堂讨论的秩序。
评价组长	核对本组自己的记录分与课代表记录分是否一致,并保管本组评价本。

学习规范:自学阶段要独立学习,不能打扰别人;交流阶段,轮流发言,一人发言时,其他小组成员注意倾听、记录,相互补充要等别人说完;展示阶段,不能推诿,轮流展示,一人展示完,其他人补充完善,要学会倾听。对特别强势的学生进行发言限制,如每节课发言不超过3次。对学生进行强弱结对子,在学习中落实目标达成情况和纪律情况。

教师需控制自己直接说出的欲望。解决重难点问题的时候,教师应适当点拨,学生讨论交流偏离主题时,教师应及时提示,把他们拉回主题;学生对相关知识进行归纳总结时,教师应进行内容和方法的提炼;学生产生疑问时,教师应适当找准节点予以解释。

代表小组回答时用到的规范语有:我们组展示的是第 * 题;我们这样认为;我们的答案是;我们组汇报完了,请同学们给我们补充;同学们还有什么疑问和补充?

可能的问题及解决措施

问题一：有的小组两三个人同时抢着发言，各不相让；有的小组始终只有一两个人发言，其他人一言不发，只是心不在焉地坐着；有的小组互相推辞，谁也不发言。

解决措施：指派每组确定的中心发言人根据实际情况进行调节。

问题二：几个小组同时抢答。

解决措施：当几个小组同学同时站起时，后排的让给前排的先说，右边的让给左边的先说。等待的同学可以不用坐下，站立等着补充也可以。

问题三：小组讨论声音过大。

解决措施：并不是声音越大就证明讨论得很激烈很认真。讨论时，只要自己小组内能听到就可以。课代表可以监督每个小组讨论时的音量，对于音量过大的进行提醒。总是音量很大的，予以扣分。授课教师也要及时监督。小组内轮流发言，其他同学认真听，中间不能打断别人，并准备补充或质疑。

问题四：班内讨论时机。

能自己思考出的问题不讨论；能组内解决的问题不讨论。当出现几种不同答案、不同观点时，再进行全班讨论。

小组合作学习的评价

为了调动学生的积极性，每项要求以加分计算，达到要求的加分，避免了扣分的消极影响。**组内评价**由各学习小组的评价组长负责。规定每个学生每节课参与小组间活动最低不少于一次，最高不多于三次。**课堂评价**由学习组长负责，遵循如下原则：关于回答问题,在全班范围内每回答一次加 1 分,一节课不能超过 3 次;关于质疑问题,在全班交流展示范围内,能主动提出问题、敢于质疑和辩论的学生加 1 分;关于合作交流,在小组交流时,能积极参与,大胆发表自己见解的加 1 分,交流时对同学发言敢于提出疑问和不同见解,并能进行正确的解答和评析的,加 1 分;在课堂学习过程中,小组成员做与学习无关的事,说与学习无关的话等影响课堂学习行为的扣 1 分。

评价分以 1 分为宜,便于记录、整理;评价细则不能太细,越细越复杂,以简单为宜;为了节省记录员的时间,可以在表中画"正"字,便于统计;每周一统计。为了鼓励那些加分比较少的同学,采取清零(下周不受上周的影响)和等级制。根据分数分为 ABC 三等。每月的课堂评价等级由每周的等级相加得出。采用小组捆绑评价,记录每节课的小组得分。学习委员统计每天得分后,一周一汇总,评出课堂评价优秀小组 6 个,优秀小组的组长为优秀组长。优秀小组的所有成员在月评价中每人加 1 分,优秀组长再加 1 分。

自学校推进小组学习以来,我曾与学生有过如下一则对话。从学生的亲身体验来看,小组学习达成了正向的学习效果。

我:现在的课堂学习方式上与过去有什么不同?

生:可以相互讨论交流,可多角度思考问题。

我:与教师纯粹讲授相比呢?

生:同学交流更容易学会。教师有时讲得快、讲得难,有时甚至没有耐心。

我:更喜欢哪种课?

生:现在的课。

7. 力量源于解决挑战性问题

为什么是项目化学习？

项目化学习不仅是一种时下流行的教学方法，其本质意义上，是为学习有力量的知识而设计。任何的教学方法，都有其蕴含的教育哲学、课程哲学和课程理念。

教育是一项关乎未来的事业。我们常常说，教育要面向未来。这里的未来有三重内涵：一来，我们的学生是未来社会的公民；二来，我们老师也要面向未来而教；三来，我们人类的未来能走多远，关键在于我们的教育能够提供什么学习方式和什么样的知识。

项目化学习是为未知而教，为未来而学。有别于传统学科教学，项目化学习为未知的、真实的、有趣的、丰富的、有力量的知识而教。传统的学科教学是把人类文明中分科的、系统化的已知的知识体系传授给学生，即对已知传承为主。而在项目化学习中，教师和学生从真实问题出发，一起探索未知世界。

学校是一个场域，在这里，环境与人相互影响，教育教学活动与人相互影响，人与人之间也在相互影响。那么，如何激活这个场域，使得它更富有活力呢？学校以全场景教学推进学校生态的重构，而项目化学习是激发场景学习力的重要路径。学习是带有创造性的。我们的教育应该创造机会让学生能对经验、行动或事件做出新颖的、有意义的诠释，有机会解决日常的、复杂的真实问题，发展自己的创造性。项目化学习不仅充满了各种能够彰显学生创造性的契机,还能够加快能力形成的过程。所以,学校选择实施项目化学习,不仅仅为提升学生的创造性问题解决能力提供了新的可能性,也为提升学校办学活力提供了新的可能性。

什么是项目化学习?

项目化学习有百年的历史,克伯屈(Kilpatrick)汲取杜威和桑代克的思想,提出了"设计教学法"(Project Method)。当今,项目化学习是推进义务教育教与学方式变革,着力培养学生创造性解决问题的能力的一种学习方式。

近年来,项目化学习逐渐从学界的呼吁与倡导转变为国家的导向与行动。中共中央、国务院印发《关于深化教育教学改革全面提升义务教育质量的意见》提出"探索基于学科的课程综合化教学,开展研究型、项目化、合作式学习。"近年来,上海市也在基础教育领域专门推进项目化学习行动。上海市教育委员会《关于印发〈上海市义务教育项目化学习三年行动计划(2020—2022 年)〉的通知》(沪教委基〔2020〕44 号),鼓励在育人方式变革中,实施项目化学习。

先来看一个案例。"创作一间梦幻小屋"是一个比较典型的项目化学习设计。我们要创造一个梦想的小屋,大概多少平方米? 共有多少预算? 有哪些条件限制? 这个小屋可能是谁来居住? 坐落于哪里? ……它以问题链的形式驱动学习进程,而且问题并非完全由教师设计。教师是学生项目化学习的陪伴者与引领者。项目化学习一个显而易见的益处是,学生完成这个项目之后,可以把关于设计、建模、预算、制作等的理解迁移至其他场景里,进而去解决更多的现实问题。

项目化学习需要解决复杂的任务。在基于挑战性问题的解决过程中学生进行设计、问题解决、决策或调查活动;整个过程要充分发挥学生的自主性,项目学习最终以产品或者陈述等形式结束(John

Thomas，2000）。所谓项目化学习，是指学生在一段时间内，通过对真实有挑战性的问题进行持续探究，创造性地解决问题，形成公开成果，达到对核心知识的再建构与思维迁移[1]。

项目化学习有这样几个关键特质：首先是真实有挑战的问题；其次是持续探究与创造性；再次是核心知识再建构。项目化学习不仅能够激发学生的探究与创造性，同时教师的创造性也会被学生所激发。

如何设计项目化学习？

项目化学习和人类发展的根本问题相契合，对人类共同面临的核心话题进行探讨。在项目化学习中，教师不仅仅是学科教师的身份，而且是以人生全部的生活经验和成长经历为教学资源，与学生的生活世界融合在一起，引领学生开展学习。项目化学习设计时，需要关注知识的跨界和融合。所谓跨界，是要打破学科边界，打破时空的边界，打破身份边界等。所谓融合，是把人类知识融合在一起，把相关资源融合在一起，把相关的人员融合在一起。项目化学习设计的基本流程与关键要素如图 4-6 所示。

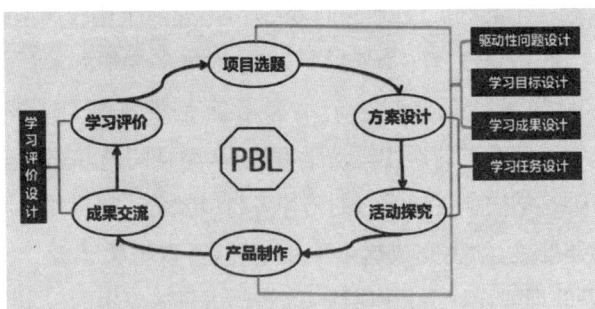

图 4-6　项目化学习的基本流程与关键要素

①　夏雪梅.项目化学习设计：学习素养视角下的国际与本土实践［M］.北京：教育科学出版社，2021：65.

学校 1.0 版本的项目化学习设计案例,可以说初具项目化学习设计的雏形(见表 4-6)。在夏令营社会实践活动中尝试运用项目化学习。在这次项目化学习设计的初尝试中,学校为教师提供项目简述、问题探究(本质问题与驱动性问题)、成果与评价、项目实施过程、学习资源等要素,作为项目化学习设计的脚手架。

表 4-6 项目化学习设计 1.0 版

项目名称	企业文化:探究百年日企之成功
项目简述	日本自江户时代以来,百年企业居多,拥有全球最多的长寿企业,代代传承百年以上的家族企业达 3 万家。这近 3 万家百年家族企业经受住大地震、经济危机等考验。日本如何实现让企业永续经营的?这些老字号企业得以维持发展,其中有哪些经营管理理念是值得中国企业借鉴的?
问题探究	核心问题:日本百年企业的发展,依靠什么? 驱动性问题: ① 市场上巧克力品牌、品种多样,你会选择"代可可脂"巧克力,还是"可可脂"巧克力?为什么?(品质追求) ② 明治集团的使命是拓展"美味、欢乐"的世界,回报人们对"健康、放心"的期待;愿望是贴近"顾客的心情",让顾客的每一天都生活得"充实、美满"。如果你是集团带头发展人,你会设定怎样的集团理念?(集团理念)
成果与评价	撰写学习报告(要求制作思维导图,设想一家企业得以长久发展的原因,字数要求 500 字以上) 评价方式:分享展示
项目实施过程	行前:查阅"明治"企业历史、了解"明治"旗下产品、制作访谈设计(针对明治工厂想要了解的问题) 行中:学生对明治员工进行访谈、老师演示讲解日企工作时的礼仪 行后:完成学习成果
学习资源	明治制果食品工业有限公司官网

基于 1.0 版本的设计与实施,对照项目化学习的内涵与特征,学校 2.0 版项目化学习设计囊括了项目化学习的全部要素。学校在蓄

力课程的拓展型、研究型课程的七个学群(人格力学群、语感力学群、思维力学群、创造力学群、健康力学群、审美力学群、调适力学群)中推进项目化学习,设计跨学科的项目化学习。当最具力量的课程与最跨界的学习方式相遇,我们期待最具力量的知识在学生心间自然而然地生根发芽,结出硕果。

表 4-7 项目化学习设计 2.0 版

项目名称	从中日两国国民性探究 AA 制文化		项目时长	6 周
课程领域	日语、历史、地理、经济、社会、心理	设计者 某老师	开课年级	七/八年级
项目简述	中日两国一衣带水,在文化上既有很多相似之处,也存在诸多差异性。在国内,中国人素有热情好客的精神,"请客"便是中国文化内容之一。过生日请客吃饭、同学、朋友之间请客吃饭,结账时也经常是一方抢着付钱,并撂下一句"不用给我啦,下次你请我",便昂首挺胸走向收银台。 在日本,AA 制文化盛行,朋友吃饭、公司聚餐、甚至情侣约会,都是采用 AA 制。AA 制成为了日本社交的文化,象征着一种交流方式。对比中国的围餐文化,日本人喜欢"定食",结账时各付自己点的菜品。 从国民性的角度,日本人为什么喜欢 AA 制呢? 在我们国家,一些年轻人也崇尚 AA 制,能否在国内也普及 AA 制文化呢?			
核心知识	1. 列出关联学科领域所涉及的主要知识点 日语:日本文化 历史:日本战后时期、明治维新 地理:日本地形特征、自然灾害特征 经济:泡沫经济、平成萧条 社会:等级观念、集团意识 心理:社交心理、恩惠意识 2. 关键概念:理解文化与国民性的关系			
驱动性问题	1. 本质问题:文化与国民性的关系 2. 驱动性问题:朋友聚餐时该不该 AA 制?			

续表一

成果与评价	个人成果： ① 开展问卷调查，形成调查报告 ② 个体想象作文：如果这个世界不存在 AA 制（或如果这个世界普及 AA 制），会变成什么样？	评价的知识与能力： ● 调查实践能力 ● 想象作文撰写能力
	团队成果： 正反两方开展以"朋友聚餐时该不该 AA 制"为题的辩论赛	评价的知识与能力： ● 辩论技巧培养 ● 逻辑思辨能力 ● 口头演讲能力
	展示方式： 网络发布（ ） 成果展（√） ……	评价的知识与能力
高阶认知	主要的高阶认知策略： 问题解决（√） 决策（ ） 创见（ ） 系统分析（√） 实验（ ） 调研（√）	
实践与评价	涉的学习实践： 探究性实践（√）：调查周围人群对 AA 制文化的看法；探究文化与国民性的关系 社会性实践（√）：小组合作搭建 调控性实践（√）：小组分工 审美性实践（ ） 技术性实践（ ）	评价的学习实践： 探究性实践（√） 社会性实践（√） 调控性实践（ ） 审美性实践（ ） 技术性实践（ ）
	项目过程： 1. 入项活动 ● 根据抽签，进行正反方辩论队分组 2. 项目时间表 √ 第一周：知识铺垫（辩论技巧与规则） 　　　　辩题分析 　　　　问卷调查设置、自行问卷调查 √ 第二周：知识铺垫（AA 制文化、国民性的形成等） 　　　　观看《奇葩说》 √ 第三周：问卷调查结果统计分析 　　　　组内立论 　　　　战略战术策划（对方立足点、攻击点）	

续表二

实践与 评价	√ 第四周：组内推举辩手 归纳总结观点 √ 第五周：辩论赛（模拟） √ 第六周：辩论赛（正式） 3. 探索与形成成果 ● 通过问卷调查，探索周围人群对 AA 制文化的态度 ● 小组头脑风暴，确定己方论点，预测对方论点及驳点，制定应对策略 ● 组内合作，各抒己见，推举辩手 ● 完成个体想象作文 4. 评论与修订 ● 教师进行组内评价，提出修改建议 5. 公开成果 ● 作文展示分享 6. 反思与迁移 ● 辩论赛的胜负仅仅是规则上的胜负，是否决定了正反两方观点的对 与错？
所需资源	辩论赛辩手名片、多媒体、网络、与日本文化以及 AA 制相关的资料
学校课程 委员会 审议	2021 年 6 月 1 日

　　为学生创造真实的、有创造性的、有力量的学习经历，是项目化学习的初心和终极追求。

8. "三生讲坛"是实验主义课堂

《道德经》有云：一生二，二生三，三生万物。这是老子关于宇宙生成的论述。实验主义者也致力于从传统的感知习惯、思想习惯和行动习惯中解脱出来，创生新方法，促生新发展。据此，学校"三生讲坛"应运而生。"三生讲坛"创办的宗旨是拓展学生的视野，让优秀的观点得以展示和分享，让创造力和批判性思维得以延展，以更好地适应不确定性，并创造未来。

第一期："好方法事半功倍"，来自八年级的三名同学，为六年级的学弟学妹们畅谈学习心得。

第二期："博闻天下时事纵横"，九年级学长开讲国际局势风云变幻。国家政策关乎民生，"时事"已然成为当今人们生活中的重要部分，为了引起同学们对时事的关注，引导同学们逐渐形成对时事的见解，"三生讲坛"给关注时事的同学提供展示自我的平台。精彩的时事分析和解读为学生们开启了解和关注世界的窗口。看天下大事，拓胸怀视野，品时政要闻，启灵感智慧。

第三期：八年级课题研究发布会暨高质量课题答辩。"三生讲坛"第三期迎来了 18 位开讲嘉宾。这 18 位嘉宾均为八年级研究型课题组的组长，他们代表各自小组交流分享他们准备开展的课题研究。从课题研究的背景、分工安排、研究进程、研究规划、课题优势等方面进行阐述，涵盖青年、社会、科技和文化四大主题。

第四期：杭州动物园豹子出走事件。"三生讲坛"以"杭州动物园豹子出走事件"为主题,邀请六年级的学生发表自己的见解。

六(2)班章同学:丢了豹子还"瞒豹",他们丢的不仅是豹子,更有自己应尽的本分。动物出逃,尤其是猛兽出逃,动物园还要顶着各方压力说谎,看来获利是这家动物园运营的唯一目的了。忘记了动物园的初心,忘记了猛兽的天性,真是铜臭猛于虎了。

六(5)班陈同学:国家有立法保护珍稀野生动物,但对于现实中动物的种种遭遇,我们可能都会忽视。某些不法商人出于利益驱动,使有些动物从出生开始,被送到马戏团训练表演,无法表演再到动物园,最后死在狩猎俱乐部,一生都是在价值压榨中度过。现在国家大力提倡人与自然和谐发展,立法保护野生动物,我们要从小事做起,从身边做起,从保护小动物做起。

六(4)班刘同学:窥一斑而知全豹,这个事件让我想到了与豹子相关的成语。豹子的出逃犹如我们生活中遇到的各种不可控的事情和问题。如果每次遇到事情都是先选择逃避,那等待我们的必定也是心惊胆战和备受煎熬。

⋯⋯⋯⋯⋯

"三生讲坛"是一个学生交流的平台,更是一个培养跨界与思辨思维的高度"自组织"的学习方式。在这里,学生发出属于他们的思考与声音。在这里,学生探索世界、拓宽视野、增进思维。在这里,学生参与社会热点问题的思考和讨论,增强关注社会时政的责任感和使命感,成为有社会视野和家国情怀的人。

9. 慕课，促课堂样态快速迭代

随着教育信息化的发展和蓄力课堂建设的深入进行，学生的学习方式和学校的教学方式必然更加灵活多样。"全场景教学""小组合作学习""项目化学习""翻转课堂"等新的学习方式或教学方式推动蓄力课堂走向纵深。信息化的发展为学校教育提供了全新的助力。学校通过引进腾讯智慧校园，着力推进课堂的智化研究，实现线下课堂、线上资源和教育场域的互联互通。学校热情拥抱互联网，借助信息化建设促进教育发展，打造蓄力课堂的网络阵地。

近年来，学校"小青橙"青年教师学研团队先后自主开发了三期线上专题慕课，分别是"'蝠'祸相倚——面对疫情我们在思考"、"劳动礼乐"和"红色映画"。三期慕课分别呼应了我国的时代之声，即以课程回应 2020 年初的新冠病毒疫情，2020 年国家倡导的全面加强劳动教育，以及 2021 年的中国共产党建党百年。

"蝠"祸相倚：在线思辨课堂，慕课背景下的新尝试

2020 年 1 月份爆发的新冠病毒疫情，对学校提出了新的考验。面对突如其来的疫情，中央应对新型冠状病毒感染肺炎疫情工作领导小组会议指示：推迟学校开学时间，减少人员流动。在这一背景下，网络教学就成了保证教学任务平稳有序开展的重要手段。

为了响应教育部"停课不停教，停课不停学"的号召，学校青年教

师团队自主开发了"'蝠'祸相倚——面对疫情我们在思考"综合素养之思辨课程群,利用时事向学生们讲授思辨分析、应对危机的思维和能力。在线课堂贴近生活,利用"社会"这本打开的教科书,着重培养学生在实践过程中的思考判断力、实践探索力和创新应用能力。学校利用新媒体技术开设慕课平台,学生可以登录学校校园网随时观课。

在线课堂主要分为自然科学和社会科学两大类,综合了9个学科,分别是心理、美术、音乐、道德与法治、历史、科学、地理、语言素养、体育,共含39门微课,课程清单详见表4-8。

表4-8 "'蝠'祸相倚"课程清单

慕课主题	慕 课 名 称
心 理	情绪管理之认识、觉察情绪 疫情下的情绪调节 与你遇见"疫"起相爱
美 术	走进中国传统蝙蝠纹 "纳福迎祥"共抗疫情 比较东西方文化中的蝠文化 世界名画中的史上大瘟疫 抗击疫情我们在行动
历 史	中国历史上的"蝠"文化 中国史上与瘟疫抗争的那些战役 浅谈那些肆虐人类世界的瘟疫
地 理	如果地图会说话 九省通衢——湖北武汉 中国人口
音 乐	音乐治疗——与病毒作战 让世界充满爱 音乐大师课——感恩的心——铿锵玫瑰——明天会更好

慕课主题	慕　课　名　称
科　学	细胞与生殖 健康的身体 健康与疾病 走进疫情背后的"元凶" 新型冠状病毒如何与免疫系统斗智斗勇 人类口腹之欲引发的"蝴蝶效应"
道德与法治	法律角度下谈疫情的管控措施 疫情下的国家力量 全球视角下的传染病防控
语言素养	话有轻重,情有长短 不要沦为"谣言传染病"的宿主 抗击疫情,以读攻毒
体　育	足球球性练习与体能练习 排球球性练习与体能练习 篮球球性练习与体能练习

在线课堂是否受到欢迎,数据是最好的佐证和认可。"'蝠'祸相倚——面对疫情我们在思考"综合素养之思辨课程群自 3 月 1 日课程上线以后,在短短三个月的时间内,点击率已经达到 41 200 次之多。学生和家长纷纷点赞,认为此类课程是难得的好课,"内容贴近实际生活,又融合了丰富的学科知识,非常全面,对学生综合素养的提升大有裨益"。

劳动礼乐：在线实践课堂，劳动教育的学科融合之路

2020 年,中共中央国务院《关于全面加强新时代大中小学劳动教育的意见》、教育部《大中小学劳动教育指导纲要(试行)》、中共上海市委、上海市人民政府《关于全面加强新时代大中小学劳动教育的实施意见》相继出台。一直以来被淡化、弱化的劳动教育逐渐有了

"硬指标",德智体美劳的最后一个"劳"字,不再是可有可无。2021年1月,"小青橙"青年教师学研团队又开发一项慕课"力作"——"劳动礼乐"综合思辨课程,勾勒"SMART"课程品质。这个在线课堂推出后,获得松江融媒体中心、《松江报》等媒体相继报道。

"劳动礼乐"的课程目标为:涵养尊重劳动、尊重劳动者的精神(Spirit);体验劳动即创造的魔力(Magic);发现劳动的艺术(Art)之美;唤醒(Rouse)劳动热情;锤炼劳动技术(Technology)。它的学习成果是具体的(Specific)、可以衡量的(Measurable)、学生可以达到的(Attainable)、与其他教育目标相关(Relevant)、有明确的截止期限(Time-bound)。

"劳动礼乐"共3个课程模块,分别是"我爱我家""体验未来""美美与共"(见表4-9、表4-10)。"我爱我家"课程模块旨在引导学生成为有效的家庭成员,"体验未来"课程模块旨在引领学生成为有贡献的未来公民,"美美与共"课程模块旨在启迪学生发现劳动之美。

表4-9 "劳动礼乐"课程模块

课程模块	课 程 领 域	课 程 名 称
我爱我家	食物选择和食品制作 房间收纳与衣物整理	学会自我管理 爱劳动的苏东坡 小小美食家 趣味化学之生活小能手
体验未来	职业体验和生涯规划	个人消费和理财能力 小小记者——职业初体验 百变税务员 小小工程师 农业劳作——水稻的种植条件和栽培过程探究

续　表

课程模块	课程领域	课程名称
美美与共	劳动观念和工匠精神	劳作智慧和劳动之美 《诗经》里的劳动之声 探寻劳动之美 古代劳动人民的智慧 简易打击乐器的制作 我们的旅行手账 "动物"模仿秀

表 4-10　劳动礼乐　课程清单

课程名称	课程概要	课时	开课年级
《诗经》里 的劳动之声	专题 1：走进《诗经》，赏"劳动"之景 专题 2：诵读《诗经》，咏"劳动"之声 专题 3：摹写《诗经》，书"劳动"之章	3	八、九
小小记者 ——职业初体验	专题 1. 认识不同体裁的新闻作品 专题 2. 学习通讯写作	2	六、七、八、九
爱劳动的苏东坡	专题 1：苏轼"东坡居士"的来历 专题 2：品读苏东坡的作品	2	六、七、八、九
探寻劳动之美	专题 1：劳动是幸福的源泉 专题 2：探寻劳动之美	2	六、七、八、九
百变税务员	专题 1：绘制税收制度的"前世今生" 专题 2：百变税务员	2	六、七、八、九
小小美食家	专题 1："八宝饭"的前世今生 专题 2：中华小当家——如何制作八宝饭	2	六、七
农业劳作 ——水稻的种植 条件和栽培过程 探究	专题 1：水稻和小麦的生长环境及地区分布 专题 2：水稻栽培过程及实验培育水稻苗注意事项	2	六

课程名称	课　程　概　要	课时	开课年级
古代劳动人民的智慧	专题1：古代劳动人民的智慧之简易天平制作 专题2：古代劳动人民的智慧之简易投石机制作 专题3：古代劳动人民的智慧之简易千斤顶制作	3	八、九
趣味化学之生活小能手	专题1：探秘生活中的酸碱溶液 专题2：美食 DIY 专题3：我是小小情报员	3	六、七、八
小小工程师	专题1：科普：工程技术发展 专题2：工程技术在生活中的运用（如何设计方案）	2	六、七
学会自我管理	专题1：做自己的主人——从承担家务劳动开始 专题2：我的零花钱去哪儿了？ 专题3：我的未来不是梦——职业体验	3	六、七、八、九
简易打击乐器的制作	专题1：简易鼓的制作 专题2：简易散响乐器的制作 专题3：简易铃鼓制作	3	六
我们的旅行手账	专题1：手账初体验 专题2：玩转拼贴添画 专题3：手账封面封底设计	3	八
"动物"模仿秀	专题1：热身：最伟大的拉伸 专题2：动物动作：猫步、熊爬、熊坐、兔跳、鳄鱼爬…… 专题3：放松：跟随舒缓音乐放松身心	3	六、七、八、九

"少年们应知晓劳作不是一种枷锁和负担，而是一种美和光荣、一种幸福、一种对世俗生活的美好祝愿。"（〔芬兰〕乌诺・齐格纽斯）。通过"劳动礼乐"线上课堂与线下实践的融合学习，希望学生在

参与家庭生活事务的过程中,学会自我管理,做有贡献的家庭成员;在体验职业生涯过程中,学会自立,形成初步的职业认知;在服务他人与社会的活动中,学会互助,成为有担当的社会公民。

红色映画:在线文化课堂,仰望穿越百年的星光

2021年7月,中国共产党建党百年之际,"小青橙"青年教师学研团队再次集结,特别策划、推出了"红色映画"专题慕课(见表4-11),以在线课堂的形式带领学生走近红色文化,传承与弘扬红色精神,在中国少年心中厚植爱国主义情怀。

表4-11 《红色映画》课程清单

项目名称	专题 名称	红色文化元素	核心知识关键概念	学科领域
中国人与红色——为什么中国人崇尚红色?	专题1:中国人有多喜欢红色? 专题2:中国人崇尚红色的历史?	红色与文化	色彩与象征	艺术
小米——走向太空的红色种子	专题1:小米与中国革命的不解之缘 专题2:小米与太空育种	小米与红色革命	营养成分、生物分类、太空育种、红色革命	历史生物科学化学
诗文中的革命硝烟	专题1:东方欲晓:战地黄花分外香(品毛泽东诗词) 专题2:雄关漫道:而今迈步从头越(品毛泽东诗词) 专题3:万水千山长征路	革命乐观主义精神革命大无畏精神	抒情手法革命精神	语文
战火硝烟中的革命强音	专题1:《黄河大合唱》的觉醒之声 专题2:《义勇军进行曲》是怎样诞生的?	抗战时期的红歌	中国近代音乐史	音乐

项目名称	专题名称	红色文化元素	核心知识关键概念	学科领域
从亲社会行为视角探析红色文化中的伟大奉献精神	专题1：Ta为什么会这么做？——亲社会行为的影响因素 专题2：人人都具有亲社会行为	奉献精神	亲社会行为影响因素、来源、动机及影响	心理
"东方红"红色基因的宇宙航天探索者	专题1：东方红——卫星与物理 专题2：东方红——火星登陆器上的科学知识	敢为人先的创新品格；自力更生、艰苦奋斗的精神	东方红卫星、登陆着陆器	科技、物理、科学
重温"长征"——定向越野跑	专题1：做好"长征"前的准备及安全教育 专题2："长征"——定向越野跑	顽强的意志，吃苦耐劳的精神	耐力跑	体育
文化与生态——红色旅游开发	专题1：红色旅游资源开发评价 专题2：红色旅游开发的环境问题	树立可持续发展观念	旅游地理	地理
"红色"双语导览手册设计	专题1：如何介绍松江红色旅游景点？ 专题2：如何设计松江红色旅游宣传册？	红色文化国际宣传	红色旅游、旅游宣传册	英语、艺术
《觉醒年代》你看懂了吗？	专题1：从历史纵深处回望初心 专题2：在历史交汇点展望未来	新文化运动、新民主主义革命、马克思主义中国化历程	马克思主义中国化	历史、道德与法治
密码中的红色经典	专题：密码中的红色经典	抗日战争	逻辑思维	历史数学

"红色映画"由丰富多彩的专题组成,以项目化学习的形式开展,引领同学们在一个个学习项目中感受红色文化、传承红色精神。其中,有涉及红色旅游资源开发的"文化与生态——红色旅游开发";有从诗词鉴赏品味红色文化的"诗词中的革命硝烟";有将红色文化与科学、物理融合的"'东方红'红色基因的宇宙航天探索者";还有从时下热映的影视剧中回望初心、展望未来的"《觉醒年代》你看懂了吗?"……

"红色映画"是学校推进全场景教学的初步探索。学校坚持以德育人、以文化人。当红色文化与在线课堂相遇,我们期待红色文化浸润至学生生活的角角落落,成为其生命的底色。

学校利用新媒体技术开设慕课平台,主题鲜明、学科融合,充分体现了教学的跨界性和创新性。"'蝠'祸相倚"将教学与社会热点紧密结合,关注与生活息息相关的话题,培养学生理性思考、独立判断的能力。"劳动礼乐"围绕劳动教育,培育学生自理、自立与互助的精神,体现了学习的实践性。"红色映画"穿越历史,回望百年征程,传承红色基因。

"教育之为教育,正是在于它是一种人格心灵能力的唤醒"。学校计划通过更丰富、更高质量的在线课堂,培养出更多精神刚健的人,更多有文化修养、有人文关怀的人,更多有创造活力、有人格魅力的人,不仅能成就个人全面发展的精彩人生,更能成就一个蓬勃向上的青春中国。

10. "校本学程"是课堂"施工图"

"全场景教学"力图解决传统教学中教学场景断裂、教学空间分隔、教学针对性欠缺、教学互动不足的问题,并对智慧校园建设、课程体系建设发挥作用。为使全场景教学更好落地,学校推行课题、课程、课堂+校本学程的"3·1"工程。

"校本学程"是我校教师根据学生学情自主开发的,用于课前预习、课堂练习、课后复习的导学案、学习单与课后作业。有了这样一整套的学习资料,老师的"教""备"与学生的"学"就有了清晰的目标、充实的内容和有序的流程。

附: **分数与小数的转化(学习单)**

班级_____ 姓名_____ 学号_____

【学习目标】

1. 知识目标:

学会有限小数化成分数的方法和分数化成小数的方法。

2. 能力目标:

在"猜想—验证—归纳"的过程中发现能化成有限小数的分数的特点,从中体会学习数学的方法。

3. 情感目标:

【晓重点】分数与小数互化的方法

【辨难点】能化成有限小数的分数的特点

一、新知探究

水星、火星、月球的直径分别约是地球直径的$\frac{1}{2}$，$\frac{19}{50}$，$\frac{869}{3\,189}$，你能比较它们直径之间的大小吗？

探究活动：

前后桌两位同学为一组，以你的学号为分母，另外一位同学的学号为分子，请把这个分数化为小数（不能化成有限小数，将其结果保留三位小数）。

归纳：（1）分数化小数的方法

（2）能化成有限小数分数的特点

练习：判断下列分数能不能化成有限小数

$$\frac{15}{16}，\frac{7}{125}，\frac{6}{15}，\frac{45}{28}$$

例1：把0.9、0.25、0.234、2.12分别化成分数

归纳：小数化分数的方法

例2：将$\frac{2}{5}$、$\frac{19}{40}$、0.45按从小到大的顺序排列.

二、课堂练习

课本P60第1,2,3,4题。

三、课堂小结

1. 本节学到了什么？

2. 还有什么疑问？

11. 有意思的作业更有力量

——有感于2021年"有意思的暑假作业"

健康运动——每天运动一小时

为鼓励学生积极主动地参与体育锻炼,提高学生健康水平,我校试行体育暑假家庭作业制度,提出"三规、三有"要求。三规:规定锻炼内容、规定锻炼强度、规定锻炼时长;三有:有家长陪同、有打卡、有检查。促进学生养成终生体育锻炼的习惯。各项练习必须在确保安全的前提下进行。

(1)身体素质练习内容安排见表4-12。

表4-12 每天训练项目

时　间	训练项目及训练量
星期一	1. 跳短绳4分钟(400个以上) 2. 俯卧撑:男生15次/组×2组 3. 仰卧起坐:女生50次/组×2组
星期二	1. 3千米—5千米跑步(可原地跑30分钟以上) 2. 拉伸放松
星期三	1. 蛙跳10米/组×4组(间隔30秒) 2. 俯卧撑:男生15次/组×3组 3. 仰卧起坐:女生50次/组×4组

时　间	训练项目及训练量
星期四	1. 跳短绳 4 分钟 2. 俯卧撑：男生 15 次/组×3 组 3. 仰卧起坐：女生 50 次/组×4 组 4. 身体拉伸练习：压腿,压肩等
星期五	1. 深蹲起 50 次/组×4 组 2. 平板支撑 1 分钟×3 组 3. 3 千米—5 千米跑步(可原地跑步,30 分钟以上)

（2）兴趣项目

① 兴趣项目内容：篮球、足球、羽毛球、乒乓球、网球、游泳。

② 兴趣项目的操作办法：

时间保障：一次兴趣活动时间在 60 分钟左右,参加兴趣活动的这一天,身体素质的练习可以根据自身情况选择性练习或者不练习。

每次选择一个兴趣项目（游泳除外）,鼓励家长陪同和参与兴趣项目的练习。

游泳项目必须有家长陪同才能进行。

（3）开学第一周测试：男生、女生一分钟跳绳、男生引体向上,女生仰卧起坐。请各位家长督促孩子完成。

特色慕课：红色映画

登录校园网—点击"红色映画"慕课—微课学习,完成相关课程作业。

乐于劳动,手脑并用——体验劳动之美

鼓励自己事情自己做,家里事情帮着做,在家庭中主动承担力所

能的家务劳动,养成良好的劳动习惯和积极的劳动态度。开展"乐于劳动,手脑并用"劳动教育系列活动,引导未成年人在"我动手""我制作""我创意"中体验智慧劳动的乐趣和快乐。班主任在线上平台收集各班劳动照片及相应文字(50 字左右)。

公共安全知识线上竞答

1. 活动时间:2021 年 7 月 1 日—8 月 31 日。

2. 活动内容:交通安全、消防安全、日常安全、气象知识、红十字会知识、防疫知识等安全防范各类知识。

3. 参与方法

登录上海市学生体育艺术科技教育活动平台,将鼠标放置顶部导航栏【健康】一栏,在下拉框中选择【安全教育主题活动】,点击进入活动专题页。

4. 活动形式

(1) 在线学习:参与者可以点击页面内视频、音频、图片、文字等,在线互动学习安全知识及技能。

(2) 在线竞答:三个板块不限答题次数,正式答题最高分计入个人最终成绩。

选做内容:暑期读书活动

活动时间

2021 年 6 月 20 日至 8 月 31 日

活动网站

上海市中小学生暑期读书活动网

活动内容

1. "百年党史"——在线学习活动(登录网站学习)

2.“童心向党”——创作实践活动（登录网站上传）

3.“走进中华经典”——读书征文活动（登录网站上传）

4.“以书为友 以书会友”——读书与荐书活动（登录网站参与）

第五章

每一次对话都是为未来助力

　　教育是一种力量,教育力量的发挥需要群策群力。教育是让心灵柔软而有力量的实践活动,是教师以生命成长的赋能者身份给每一个孩子设计有力量的学习经历,使之成为有力量感的人的实践活动。为此,我高声宣布:我是一名教师,我宣誓——爱学生,做生命成长的贵人;爱事业,做教育改革的能人;爱学校,做学校发展的主人。我竭力——研精殚思,做有力量的教师;力学笃行,做有力量的教育。

1. 士不可以不弘毅

选取红色文化成为铸魂育人的精神动力源于如下思考。教育本身是一种特殊的文化现象。教育具有双重文化属性：一方面它是传递和深化文化的手段；另一方面它的实践者及实践本身又体现着文化的特质，如思想观念、价值倾向和行为方式。

中国共产党加强自身建设的基本经验，用一个形象化的说法，就是"顶天立地抓自己"。顶天，就是顶马克思主义理论之天；立地，就是立足五千年历史文化、五十六个民族、九百六十万平方公里的中国大地；抓自己，就是始终不放松地抓紧自身建设。文化的作用凸显。

种树者必培其根，种德者必养其心。习近平总书记指出："共和国是红色的，不能淡化这个颜色。"红色文化是中国共产党以马克思主义为指导，吸收中外优秀文化创造的先进文化，代表了中国共产党人和广大民众的优良品格，不仅是中国人民价值观念体系中的重要组成部分，更是凝聚国家力量和社会共识的重要精神动力。

作为一名教育工作者，教育工作承载着千家万户的企盼，既要保持民族崛起的自信，又要保持客观的反思与自我矫正。所以，全校师生应一起在红色文化中寻找精神动力。

在文化中体味坚持文化自信的信心来源

松江革命精神代代传承

在松江区新浜镇西南大方庵旁有一侧厢房，白墙黛瓦。这里设置了"陈云与松江区农民暴动史料展"。九十年前,在威震江南地区的小蒸、枫泾地区农民武装暴动中,大方庵是农民革命军活动中心,枫泾暴动指挥所就设在这里。在血雨腥风的革命时期,陈云同志坚定革命信念,不怕牺牲不怕艰险。在社会主义建设时期,陈云同志不论身处顺境还是逆境,始终坚定信仰,以党和国家大局为重,不计较个人得失。在家风家教上,他严格教育子女堪称典范。

与陈云同志一同组织枫泾农民武装暴动的吴志喜烈士,是松江一中引以为荣的校友。1925年五卅运动爆发,他四处奔波,上街宣传,有一次,他被反动派军车撞倒,轧伤了一条腿。但他不顾自己的伤痛,继续宣传,向同学们说:"只要坚持斗争,胜利一定是我们的!"吴志喜同志对党忠诚,具有坚定的革命信仰和不计个人得失的大局意识。他勇于担当,吃苦在前,享受在后,为共产党员的精神做了最好的注脚。同时,这颗红色的种子也种在了松江这片沃土,让我们赓续红色基因,凝聚奋斗力量。

松江历史文化积淀丰厚

松江区历史文化积淀丰厚:广富林遗址始于新石器时期,是上海最早有人类生活的地方,被称为上海之根;保存完好的明代照壁,相传明清时期到松江任职的官员,必须到此拜祭,以示廉洁奉公,不贪赃枉法,称为警示壁;春申君黄歇为战国时期著名的四君子之一,食客三千,门庭若市。

丰子恺曾经在松江一中任教,是李叔同先生的弟子。丰先生提出"引发教育",倡导教育要回归生活,追求"课堂,不只是教室;教学,不限于教材;师者,更应是人师"的教育境界。

丰子恺先生的漫画(见图5-1),给予我们太多的启示:以美育人、以文化人。不唯功利的学习、亲近自然的人生、关注生存的责任。

为师者一定要有大情怀,心里装着民族和国家;要有敬畏感,心里装着理想和信念;要有价值感,心里装着孩子们的未来。

图 5-1 丰子恺漫画

松江科创发展更具活力

G60 科创走廊从上海松江区的 1.0 版本,到沪嘉杭联动的 2.0 版本,再到沪苏浙皖九地区的 3.0 版本,现已升级为国家战略,形成"一廊一核多城"的空间布局规划,成为中国经济最具活力、城镇化水平最高的区域之一。G60 走廊将扮演长三角高质量一体化"引擎"的角色,称为区域内"中国制造"迈向"中国创造"的主阵地。

求木之长者,必先固其本。上海松江自古至今,无论是古代文明、革命战争时期的红色精神还是当今科创彰显的活力,都代代传承着先进文化,为社会发展驱动的文化,保持着持续的生命力。

欲流之远者,必浚其泉源。作为共产党员,作为教育工作者,不浮夸,不"弯道超车"、不随波逐流,耐得住寂寞,坐得了冷板凳,实事求是,持之以恒,反思自省,学校才能得以发展,中华民族文化自信才能得以延承。

大道至简，实干为要

全面理解新时代育人目标，构建更高水平的人才培养体系

习近平总书记在全国教育大会上强调，我们要抓住机遇、超前布局，以更高远的历史站位、更宽广的国际视野、更深邃的战略眼光，对加快推进教育现代化、建设教育强国作出总体部署和战略设计，坚持把优先发展教育事业作为推动党和国家各项事业发展的重要先手棋，不断使教育同党和国家事业发展要求相适应、同人民群众期待相契合、同我国综合国力和国际地位相匹配。

"00后"的成长环境、生长经历与之前的人群相比发生了质的变化。处在互联网时代的孩子，思想开放、活跃、自由。但不久之后，今天的孩子就会面临挑战，他们是明天要和机器人抢饭碗的一代。他们将进入社会的各行各业，构成新的社会要素，为人类去做出贡献。今天的学生要在10—15年后投入社会，教师该教给孩子们什么呢？

课程某种意义上就是社会的浓缩，我们要在课程构建的过程中，潜移默化地融入这些理念，让我们的孩子能够更好地适应未来社会。

教育教学效益是发展之本

发动油门而不是推轮子。推轮子永远是外力，油门是内动力。这个油门就是"爱"和"感恩"。学校由六大治理主体共同组成战略高层。党组织在学校起到政治核心作用，保障学校的办学方向，充分发挥党组织的战斗堡垒作用和党员的先锋模范作用，在学校的重大决策中发挥关键作用。学术氛围是校园应有的样态，通过"学术委员会——研发平台——支持人员"的架构，结构合理、分工明确、制度保障、担当合作的模式，促使学校达成良性运转。

创设支持型的学习环境,为教师和学生发展搭建平台。注重孩子的学习力,找到孩子可以闪光出彩的地方,帮助他们在通往成功的道路上行走。老师们达成共识,即:教育初心不变,改变思维理念;终身学习不变,改变学习内涵;工匠精神不变,改变传递方式;教育情怀不变,改变相处模式。

这是教育的责任,是我们的初心,也是教育的担当。《论语》中曾子说过一句话:"士不可以不弘毅,任重而道远。"一起共勉!

2. 2020 年初致全体教职员工的一封信

尊敬的各位教职员工：

今天，原本是我们新学期开学的日子，一场来势汹汹的疫情打乱了原有的教学轨迹。根据教育部"停课不停教，停课不停学"的要求，我们需要居家办公，在这场战役中，轮到我们走到了"战疫"的第一线。自疫情以来，我们每天都被白衣天使、警察、英勇"作战"的工作者和普普通通的人感动着、泪目着。我们宅在家里，不给国家添乱，就是在为国家做贡献。但是今天，学校开学了，我们是"战疫"一线非常重要的"战士"，我们面向众多的学生，有责任、有义务、有担当守好我们的讲台——我们的"阵地"，为社会的稳定尽职尽责。

根据目前的情况，我们要改变以往的授课形式，采取信息技术和教学课堂深度融合的方式。可能有的老师家里存在设备和网络的困难，可能有的老师在技术操作方面不太擅长，可能有些教学资料不够完备，但是在国家需要我们的时候，我们为师者就要挺身而出，没有条件创造条件，迎难而上，做学生的领航灯，做社会的助推典范。

学校已经先期引入了腾讯智慧课堂，老师们都在积极地试课。学校聘请了信息技术方面的顾问，为家里没有电脑的老师准备设备，把备课材料邮寄到老师家中。教研组之间精诚合作，老教师都"兴奋"于掌握了新技术，新教师更是百舸争流竞风帆。你们是"抗疫"战场真正的网红主播。

上海市和松江区推出了一部分在线课程，名师是主讲，我们的老师更是主教。我们的老师和学生一起互动讨论、批改作业、归纳典型习题、答疑解惑,关心每位学生的学习状况、思想波动,为学生们进行心理调节,师生虽隔空守望,却依然合作探究,心绪激荡。

学校的中层干部和班主任团队,可以说没有一天休息,工作时间无限向两边延长。学校一声令下,大家无障碍响应,未来抗疫胜利的军功章上有您浓重的一笔!初三学年的老师们已经做了充分的准备;由青年教师组织的"小青橙"学研团队,创编了"蝠"祸相倚批判思维课程,为孩子的终身成长提供延展思维,为学校发展亮剑!

学校是松江的一张名片,传承着百年老校革命历史文化的教育精神,在特殊的时期,我们一定站得直、挺得住!在关键时期,所有教职员工居家办公,少出门,不松懈,不侥幸,执行不折不扣!

亲爱的家人们,待到春暖花开之时,我们校园重逢!祝平安!

2020 年 2 月 17 日

3. 激发教师成长的源头活水

近两年来,我校从促进教师专业成长的角度出发,以教育科研为先导、教学实践为行动,构建了较为完善的教师发展体系,切实提高了学校教师队伍的整体水平。

为了更好地落实"立德树人,五育并举"的教育理念,坚守"为学生,为未来"的教育初心,进一步推动学校教育、教学、管理改革创新,我校实施了"学校教师挑战项目",通过挑战项目的实施与评价,充分调动教师的积极性和创造性,促使他们的专业发展由被动接受转为主动投入,从外在要求变为内在需求,从制度规范走向文化自觉,促进教师研究能力的提升和教育教学风格的形成,不断提升专业素养和业务能力。

化被动为主动,提升教师成长内驱力

教师应是自身专业发展的主体,专业发展应源于教师内生的强烈意愿。但是,我校的现状是教师的专业发展主要通过外部社会组织的推动和制度的规约,这是一种对教师的外部塑造模式。这种模式忽略了教师的主体性,使得教师的专业发展处于一种消极的被动状态,未必符合教师的主观意愿,未必能够切中教师发展的矛盾点和痛点。久而久之,会使教师对专业化发展产生倦怠感,态度也会变得敷衍了事。

"学校教师挑战项目"不同于以往"外塑"模式,它实现了化被动接受为主动投入,从制度规范走向文化自觉,是一种教师"内修"模式。引导教师聚焦学校改革发展的重点及难点工作,聚焦自己在工作中的矛盾点和痛点,改变必须改变的、改变能够改变的。同时,还鼓励教师每一年的不同项目围绕同一个主题设计,形成可持续化的项目矩阵,逐步形成教师专业发展特色。

一个鸡蛋从外部打破是食物,从内部打破才是生命。有了强烈的自我成长意愿,才能成长得更快、更好。教师"内修"模式是教师根据自身需求而进行的主动发展,教师会根据自身的需求,自觉主动地进行项目的选择、项目的申报和项目的落地实施,充分激发教师的内驱力,让教师专业发展切实成为教师的内在需求,符合教师的主观意愿,给广大教师提供更广阔的平台。

自下而上,鼓励教师普遍参与

教师挑战项目,不是仅针对青年教师,而是以全体教师为评价对象。从项目覆盖的角度来说,分课程教学类、德育创新类、信息技术类、专业发展类、管理服务类(含党政工团管理的研究项目)、自主自创类(有利于学校发展,有利于形成办学特色,体现教师个性特长的自创项目)等六大类,力求为每一位教师提供公平的机会和平台。通过多元的项目体系,立足学校工作实际,驱动教师专业发展。

值得一提的是,项目评价不设立等级百分比,按实际达标情况评定。不设置限制教师发展的天花板,让教师在挑战项目中充分体验职业发展的成就感,从而保持旺盛的学习激情和学习动力。

明确流程,方案落地可操作

教师发展挑战项目的申报启动、信息发布、工作布置以及收交申报表等,由学校相关职能部门负责。首先,教师个人申报。教师根据《学校教师发展挑战项目评价细则》的要求,结合自己的优势特长,于每学年第一学期初进行项目申报,填写并提交《学校教师发展挑战项目申报表》。接着,立项审核。项目评估小组对教师申报的项目进行审核,确定批准立项的项目,并告知相关申报人。对于某些立意好、研究价值高的申报项目,若因研究计划不够完善、存在缺陷而未能通过立项,项目评估小组会对相关申报者进行反馈、指导,提出修改建议,并对其修改完善后、在规定时间内提交的申报表予以重新审核评估。然后,中期评估。申报者须根据所承担的任务,于项目研究中期(第一学期末)提交项目阶段研究报告及相关过程性材料。项目评估小组对申报者开展项目阶段研究的情况进行中期评估,撰写描述性评估意见(项目研究的优点及不足分析、今后需改进及努力的方向),并向申报者作反馈。最后,终结评估。教师于项目研究结束后(暑假返校时),提交项目研究成果(含研究报告及相关佐证材料等)。项目评估小组对申报者提交的相关项目研究成果进行评估,根据项目研究过程及成果的质量评定等第(A、B、C三档),根据实际研究情况,调整预定的项目级别系数。若项目研究结果未达到预期的计划目标,则不予评定。

"学校教师挑战项目"虽然是教师自主申报、自选主题、自主发展的项目,但从申报到实施再到审核立项,都由学校全程把关,学校也会在教师需要的各个环节提供相应帮助,真正做到了助力教师职业发展。

"学校教师挑战项目""以评带教""以评带研",对于提升教师专业素养、促进教师的专业化发展、提高教师团队的整体素质、实现学校的跨越式发展将具有重要的现实意义。这是我们助力教师成长,提高教师师能的一次有益尝试(见表5-1)。

表5-1　学校教师发展挑战项目申报表

填表日期：＿2021＿年＿6＿月＿10＿日　　　　　　编号：

项目名称	基于八九年级 More practice 的英语自主阅读教学方法初探				
项目类别	课程教学	项目起止时间	2021年6月30日至2022年6月30日		
申报人	高老师	组室/部门	英语组	学科/岗位	英语

（一）研究目标和内容

1. 目标：
① 明确八九年级课内补充阅读篇目（More practice）的主要类型及其在单元中的地位及教学价值；
② 通过课堂实践探索利用 More practice 引导学生开展自主的方法；
③ 明确八九年级利用课内拓展阅读自主阅读的理念，总结通过 More practice 指导学生开展自主阅读教学的方法，进一步提升学生的阅读能力，体现学科核心素养。

2. 内容：
① 在自主阅读、听说、写作等教学活动中提升学生理解力，并指导学生熟悉各类思维导图的作用和画法；
② 通过日常教学归纳总结八九年级 More practice 篇目的基本类型、地位和教学价值；
③ 在单元视角下，制定 More practice 恰当的教学目标，设计有效的教学活动，开展多元教学评价；
④ 针对不同文本类型，开发合适的"自主阅读过程记录表"等阅读工具，并在课堂教学中引导学生开展自主阅读；
⑤ 归纳总结利用 More practice 指导学生开展自主阅读的理念和方法。

（二）研究步骤

时　间		内　容	方　法	预期成果
准备阶段	2021.7—8	梳理八年级和九上 More practice 篇目类型	课本内容梳理	汇总成表
	2021.8	查找与"初中英语自主阅读"相关的教学文献	整理文献	撰写"文献综述"
研究阶段	2021.9—2022.3	结合不同文本类型，开发合适的"自主阅读过程记录表"，并结合教学实际开展实践探究	课堂实践探究	开展一节 More practice 区级公开课

时　间		内　容	方　法	预期成果
研究阶段	2021.9—2022.5	通过参加与 More practice 相关的教研、讲座等活动，学习自主阅读教学方法	研修学习	将学习成果整理成文档
总结阶段	2021.9—2022.5	整理教案、PPT、各类文献、教研资料等文件	反思总结	资料整理、存档
	2022.5—6	理论结合实际，总结基于 More practice 引导学生开展自主阅读的方法	结果呈现	教学案例

（三）项目评估小组立项审批意见

同意立项　□ 暂缓立项　□ 不同意立项　□　　理由： 　　　　　　　　　　　　　　项目评估小组组长签名： 　　　　　　　　　　　　　　　___年___月___日

说明：

　　1.申报者可参照《学校教师发展挑战项目评价细则》，或根据自身优势特长自主确定自创项目进行申报，并填写本表。

　　2.《学校教师发展挑战项目评价细则》分课程教学类、德育创新、信息技术、专业发展、管理服务、自主自创等六类，项目研究方案的制订应符合相应基本要求，并能满足学校转型发展的需要，能针对性地解决某一重点、难点或瓶颈问题，且有突破、有创新、有特色、有成效，操作性强，研究结果有推广价值。

　　3.项目研究时间一般以一年为限。

　　4.以团队集体申报的项目，由项目主持人负责申报组织。

　　5.本表中各项内容的填写应明确、翔实。

4. 如切如磋　如琢如磨

——紫藤杯青年教师"全场景教学"评比行动研究

随着新课程改革的不断推进,课堂教学的目标与方式不断发生优化与调整,对教师的教学专业化水平提出了新的要求。为继续贯彻学校"关注课堂问题设计,提升学生思维品质"的教研主题,深入研究并践行"全场景教学"科研项目,广泛推进"合作学习"的课堂教学策略,促进教师终身学习、钻研教材,规范教师备课环节,优化课堂教学设计,学校开展紫藤杯青年教师"全场景教学"评比活动,力求在全面提升学校教学常规管理水平的基础上,进一步提高教学质量,树立教学典范,以点带面,提升学校教师队伍的整体素养,最终达到打造优质高效课堂的目的。

教师积极参与

不可否认,教育教学活动的水平与经验存在着一定的正相关,经验丰富的教师往往能够更精准地把握教材,清晰地把握学情,对于课堂的现场把控力更强。但是,同样毋庸置疑的是,经验并不是我们从事教育教学活动的不二法门,甚至一些教师凭借自身经验形成的模式与套路,正在阻碍其业务水平精进,阻止其从教书匠向研究者的转型。出于以上考虑,此次教学评比活动面向 40 周岁以下在岗教师(其中 0—5 年教龄者必须参加),入职学校 3 年内在岗教师必须参加。这一年龄段的教师在教师队伍中占比 60%,是学校教师队伍的主力军。此次活动的目的是：给新教师规范，帮助他们"站稳"讲台；给中青年教师平台，帮助他们在讲台"发光"；让经验丰富资深的教师焕发动力，帮助他们调整职业惯性，站出"影响"。

流程环环相扣

活动包括说课和上课两大板块：说课环节，采用幻灯片展示，时间不超过 15 分钟。

说课要求：

（1）教材理解：正确说明教材的地位与作用，确定教学目标和本节教材的重点与难点，并参照教材与课程标准，进行取材的分析与处理；

（2）教法与学法设计：阐述教法设计依据、学法指导方式以及创新手段等；

（3）教学流程陈述：突出阐明各环节设置意图、教学情境的创设、重难点的突破以及反馈和预估教学效果等。

在说课环节表现突出的教师才有资格参与下一环节的评比。

上课环节，鼓励参加活动的教师要精心备课，结合课题内容，创新教法学法，选择多样的教学策略，通过有效提问、小组合作学习来创造高效的优质课堂，彰显独特的教学风格。鼓励参加上课的教师可以教研组（备课组）为单位，共研共备，一同打磨教案。鼓励教师听不同学科的课程，归纳总结教学中的共性问题，加强交流，共促提升。

体现"全场景教学"观念

"全场景教学"的常态运行研究是学校申报的市级课题，是在教学的过程中，使技术服务于教学，借助云端平台、智慧教室、智能终端等新一代信息技术支撑打造的覆盖、融通各个教学场景的智能、高效的教学。"全场景教学"实际上是智慧教育的迭代,是新兴信息技术与传统教学的深度融合,是在教学常态中实现不同教学场景间的贯通融汇,促进教师精准教学、促进学生个性成长的智慧教学。

"全场景教学"中"全场景"的内涵包括以下几个方面:一是时间"全场景"——课前、课中、课后的一体化。打破传统教育中"课堂时间"的限制,优化原本封闭的课堂教学为开放式教学,形成贯穿课前、课中、课后的完整系统的教学闭环,依据"递进式内化原理",优化学习认知过程,提高学生的认知效果。

二是空间"全场景"——线上与线下的交融。运用智能手机、Pad等终端技术,使课堂不再局限于线下,通过终端设备实现云空间的线上学习,实现线上线下一体化。

三是内容"全场景"——题库、课程、教案、课件的共享。"全场景教学"将通过云端空间实现教学、学习资源的系统化建设,对教学材料集体共建、全员共享,帮助老师、学生获取最优的教学、学习资源。

四是生态"全场景"——社会、家庭、学校的良性互动。"全场景教学"将在教学过程中合理利用社会、家庭资源,为学生扩展学习资源和实践途径。

为呼应"全场景教学"研究与实践,学校鼓励青年教师先行开展"全场景"教育探索。此次评比,在一般意义的说课基础上,按照全场景教学的时间纵线,分为课前、课中与课后三个教学场景。说课也按照这一逻辑展开。其中,课前包括"说学情"与"说教材",课中包括"说教法学法"与"教学程序",课后指"说作业"。

学科跨界融合

随着社会的发展,新型社会需要的人才也在不断发生着变化。基础厚、领域宽、适应力强、转型快的复合型人才逐渐成为人才培养的趋势。

为了使人才培养能契合时代特征,必须在导向上鼓励学科间的融合。

关于跨学科的融合,学校不断进行有益的尝试,如青年教师学习共同体——小青橙学研组织,设计和制作"'蝠'祸相倚""劳动礼乐""红色映画"等主题的跨学科综合思辨课程群。跨界融合学习成为学校一以贯之的教育探索,也是未来人才培养的关键目标与路径。此次教学大赛鼓励青年教师从教育经验的初始阶段,就能树立跨学科融合的意识和思维,并能通过巧妙的设计将这种思维融入自己的教学设计中,体现在自己的教学环节中。

玉不琢,不成器;人不学,不知义。紫藤杯青年教师"全场景教学"大赛让教师们以磨课、说课、上课、赛课为契机,提升学校教师队伍的整体素养,为打造优质高效课堂助力!(见表5-2、表5-3及附件)

表5-2 紫藤杯青年教师"全场景教学"说课评价表

年级_____ 学科_____ 参赛教师_____ 总得分_____
课题:_____ 说课时间:_____

教学场景	项目	内　容	评　价　标　准	得分
课前 (25分)	说学情 (10分)	① 学习起点 ② 学习偏好 ③ 分析方法	① 关注学生的生活经验与认知基础; ② 明晰学生的认知规律,尊重学生的学习兴趣与学习方式偏好等; ③ 采用观察、访谈、问卷和预学前测等形式,获取信息并科学诊断学情。	
	说教材 (15分)	① 确定教材地位与作用 ② 确定教学目标 ③ 确定重难点 ④ 分析与处理教学资源	① 准确分析所教内容在学科体系与章节结构中的地位与作用; ② 以课标为依据准确表达教学目标,可观察、可检测、符合学生实际; ③ 结合教学资源,准确梳理重点、难点的缘由; ④ 围绕教学目标处理教材,体现课程资源的挖掘和整合,体现创新性与可行性。	

教学场景	项目	内 容	评 价 标 准	得分
课中 (60分)	说教法学法 (30分)	① 学法指导 ② 教法设计	① 体现对学生核心素养的培养,注重对不同学情学生学习方式的引导,夯实基础,适度拓展; ② 教法新颖、适用,凸显学生主体地位,有利于教学目标实现; ③ 一法为主,多法为辅;有助于解决重点、难点; ④ 合理运用现代信息技术,挖掘智慧黑板的教学辅助功能,恰当使用教具、学具。	
	说教学程序 (30分)	① 环节设计 ② 资源利用 ③ 时间安排 ④ 效果预计	① 环节设计紧凑,符合认知规律与心理,能够与教法、手段密切联系,围绕目标展开; ② 教学情境创设有利于学生积极主动学习,突出学生主体,探究形式活泼; ③ 呈现出重点、难点解决于教学过程之中,注重能力的提高; ④ 合理设计教学反馈环节,预估教学效果; ⑤ 适度反映各环节时间安排。	
课后 (10分)	说作业 (10分)	① 多元作业 ② 分层作业	① 基于教学内容和学生的学习偏好,丰富作业形式,可设计纸笔类、实验操作类、实物制作类等作业。 ② 基于学生不同的课堂学习表现,设计分层作业,重点题目鼓励配备讲解微课。	
教师基本素质 (5分)			① 普通话规范,语言流畅、简练,富有感染力; ② 有理论素养,有个性特色。	
附加分 (20分)			① 教学设计体现学生思辨思维的培育; ② 关注相近学科的知识互联,体现课程的跨界融合;	

教学场景	项目	内 容	评 价 标 准	得分
附加分 （20分）		③ 适当采用小组合作学习，引导学生分工与协作，沟通与表达； ④ 教学设计展现研究思维，主动学习教学理论、研究优秀课例。		
总评 （定性评价意见）				得分

评议人（签名）＿＿＿＿＿＿＿

表5-3 紫藤杯青年"教师全场景教学"课堂观察表

授课教师＿＿＿＿＿＿ 科目＿＿＿＿＿ 执教课题＿＿＿＿＿＿ 班级＿＿＿＿

观课维度	评价内容与观察点	权重分值	等第及分值			分值
			A	B	C	
教学目标	1.表述明确、恰当、具体，可评价。	20	10	8	6	
	2.符合教材和学生实际，面向全体，兼顾分层分类。		5	3	1	
	3.符合"学科核心素养"的要求。		5	3	1	
教学内容	1.教材把握准确，内容组织恰当、挖掘适当。	10	3	2	1	
	2.重点难点突出，深广度适宜，关注知识拓展。		4	2	1	
	3.联系学生实际，体现单元整体设计。		3	2	1	
教学过程	1.教学线索清晰。教学结构合理，教学层次清楚，密度适宜，教学环节过渡自然，课堂节奏流畅。	40	10	8	6	

续表一

观课维度	评价内容与观察点	权重分值	等第及分值			分值
			A	B	C	
教学过程	2. 场景与方法多元。教学场景与方法多样，合理、灵活、新颖，即时反馈，充分发挥教师的主导作用。	40	10	8	6	
	3. 教学对话丰富。学习任务创设、教师提问具有启发性，体现学生与教学内容，学生与教师和学生与学生的对话。		10	8	6	
	4. 激发并维持学生的学习兴趣，基于学习内容引导学生开展自主学习或合作探究，学生的主体地位得到充分体现。		10	8	6	
教学效果	1. 教学目标达成度高。学生掌握知识和技能，学会运用方法，感知学科魅力。	20	10	8	6	
	2. 形成学习支持的课堂气氛。学生兴趣浓厚、学习专注、参与度高，促进高阶思维的培育。		5	3	1	
	3. 作业设计关注学习的全过程，多元分层，学业负担合理。		5	3	1	
教师素养	1. 教学理念新，课堂调控能力强，展现教育智慧。	10	2	1	0	
	2. 语言规范、简洁、有感染力，逻辑性强，具有启发性。		2	1	0	
	3. 教态亲切、自然、大方。		2	1	0	
	4. 板书设计新颖、布局合理、书写规范，体现知识框架。		2	1	0	
	5. 教具选择恰当，熟练运用现代教育技术。		2	1	0	
教学特色	1. 联通课前、课中与课后，体现全场景教学探索，丰富学生的学习体验和学习方式。	20	5	3		
	2. 教学过程体现对学生思辨思维的培育。		5	3		

续表二

观课维度	评价内容与观察点	权重分值	等第及分值 A	B	C	分值
教学特色	3. 关注相近学科的知识互联,体现课程的跨界融合。 4. 适当采用小组合作学习,引导学生分工协作,沟通表达。	20	5 5	3 3		
整体评价	优点: 待提升:					

评委签名:

附: **"全场景教学"评价标准细则**

一、总体要求

探索"全场景教学"范式,关注课堂教学中的多元学习场景创设和教学对话引导,注重培育学生的学科核心素养。教学目的明确;教材挖掘透彻;教学方法恰当;课堂设计科学严谨;教学效果优良。

二、标准细则

1. 优化教学内容

文科、综合类课程

(1)遵循课程规律,体现学科核心素养的培育。

(2)优化课堂教学密度和容量。从实际出发对教材进行加工,通过大单元站位,确定明确的教学目的,做到重点突出,难点突破,短时高效。同时,注重教材的拓深加宽,结合教材内容,穿插新的知识信息。

理科类课程

(1)激发和引导学生发现、理解、掌握和应用新概念、新规律,关注学生的思维过程,规范口头表达和解题步骤,形成知识结构。

(2)基于学情,适当处理教材,融入现代科技前沿。根据教学内容,合理加强演示实验、学生实验,有效地运用信息化教学手段,设置多元教学场景,注重培养学生发现问题、分析问题和解决问题的能力。

2.聚焦教学目标。基于目标,形成关键问题链,精心设计教学环节和教学方法,做到步骤合理,衔接紧凑、过渡自然。

3.关注全体学生。体现因材施教、分类分层的思想。

4.建立"对话"的课堂教学格局。打破"一言堂"现象,体现师生对话、生本对话和生生对话。

5.注重教学的教育性。充分体现既教书又育人的宗旨,同时注重培养学生研究性学习的意识与能力。

5. 潜心躬耕积跬步 骐骥一跃展风采

——紫藤杯"全场景教学"青年教师基本功大赛纪实

紫藤挂云木,花蔓宜阳春。在这万物蓬勃的时节,为了展现青年教师个人风采,推进学校"全场景教学"常态化运行,学校举办紫藤杯"全场景教学"青年教师基本功大赛,为青年教师搭建锤炼技能、学习交流、专业提升的平台。

大赛分为五个项目:钢笔字、粉笔字、现场 PPT 制作、现场微课制作、演讲。

钢笔字、粉笔字书写

统一分发书写纸,参赛教师用钢笔写一段指定内容,以楷书、行书为主,不建议草体。要求字体工整清晰,美观。青年教师齐聚同舟厅,进行"钢笔字"书写大赛,一笔一画,落成"端方"的正楷或是"潇洒"的行书。

随后,青年教师分散至教学楼各个教室,进行"粉笔字"书写的比赛。书写的作品为毛主席的《七律·长征》,既体现了书法的艺术性,又表达着爱党爱国的精神。英语教师则书写一段关于教育的英语文章片段。

老师们的书法作品发布至网络平台,由学校全体教师以及家委会代表投票评选。这一举措放大了活动在全校的影响力,让字迹优美端正的理念在学校蔚然成风。

课件幻灯片、微课制作

青年教师在机房现场制作课件幻灯片。老师们根据各自的学科特征,充分运用多媒体技术,力求实现知识的形象化、可视化、动态化呈现。老师们自主选择制作课前导学的预学微课、重要概念、规律、实验的课中微课或是经典习题讲解的课后微课。通过微课制作帮助教师充分研究学情,提高教师知识讲解与总结的能力,开拓教师的视野。

比赛前夕,学校进行了面向全体教师的"知网"文献检索能力培训。比赛中,有的教师通过检索"知网"文献丰富资料,有的教师通过视频向场外人士寻求技术指导,学校家委会代表莅临比赛现场观摩教师们的比赛。制作完成的微课由学校学术委员会、IT领域的家委会代表评选,优秀作品邀请各学科导师审核把关,确保微课制作水准。

学校特邀两位家长评委:

黄先生,家委会代表,目前就职神州数码系统集成服务有限公司上海分公司。IT行业从业21年。5年企业IT产品销售管理工作,16年IT外包业务销售管理工作。具有丰富的IT团队管理和项目经验。

刘女士,家委会代表,中国美术学院多媒体专业;本科毕业于复旦大学软件工程专业;硕士就读于南加州大学影视技术进修班。先后任职SONY(中国)设计师、交大继续教育学院日本留学项目艺术督导、上海育界数码科技有限公司艺术总监。

家长评委的参与进一步扩大了紫藤杯青年教师基本功大赛的社会影响,也不失为创新家校沟通的一种新形式,让家长更全面地了解学校建设,助力学校发展,从而更加信任学校工作,有利于形成合力。

演讲

教师们汇聚同舟厅进行演讲比赛，或是结合党史，回顾中国百年奋斗路；或是结合李镇西老师教学著作，分享教师成长感悟；或是以学校的办学精神为指导，结合自身教学实践，展现教师在工作中的爱岗敬业、无私奉献的师德风范（见表5-4）。

表5-4　演讲比赛评分标准一览表

评分项目	评　分　标　准	分值
演讲内容	紧扣主题，主题鲜明、深刻，格调积极向上，语言自然流畅，富有真情实感。	40
语言表达	要求脱稿演讲，声音洪亮，口齿清晰，普通话标准，语速适当，表达流畅，激情昂扬。	30
形象风度	要求衣着整洁，仪态端庄大方，举止自然、得体，体现朝气蓬勃的精神风貌。	20
综合印象	由评委根据选手的临场表现做出综合演讲素质的评价。	10
合　计		100

现场除我校学术委员会成员担任评委之外，特邀专家评委三名：

王女士，松江区融媒体中心总编助理，主任播音员，松江区首席新闻工作者，松江区拔尖人才。

郝先生，校级家委会主任，美国 TOASTMASTER 俱乐部会员，参加过超过50场演讲活动。主持超过200人的中型商业会议，累计超过10场。

欧阳女士，家委会代表，日语一级，从事对日汉语教学多年，硬笔书法家协会会员，爱好书法、国学经典诵读。

吐故纳新,方能笃行致远;追求精进,永葆进取之心。本次青年教师基本功大赛既是对青年教师基本技能的一次检验,同时也为教师们搭建一个锻炼自我、展示风采、促进自我成长的平台。

祝愿青年教师专心致志,以事其业,在平淡中见奇,在寻常中出彩,遇见更好的自己!

6. 面向未来如何做一名教师

清华大学老校长梅贻琦先生曾说过："所谓大学者,非谓有大楼之谓也,有大师之谓也。"一所学校的核心竞争力在哪? 学校依托什么发展? 归根结底还是要靠教师,关注教师的发展,这是学校发展的生命线。在教师队伍建设的过程中,新教师是最需要关注的群体,他们有想法、有学识、有热情,充分发挥新教师在学校发展中的作用,为学校建设与发展储备一支结构优化、富有活力的年轻队伍,是每个管理者都必须认真思考和规划的命题。

在学期末,结束新入职教师的招聘后,学校开展了 2021 届新入职教师座谈,围绕着"为谁培养人""培养什么样的人""怎样培养人"三个核心问题,校领导及中层骨干教师与新教师交流学术与思想,达成文化与话语体系的同理心。

师德方面,要求新教师以习总书记的"六个要"(政治要强、情怀要深、思维要新、视野要广、自律要严、人格要正)作为标准要求自己。专业方面,学校希望新教师能践行上海市师资培训中心党委书记周增对老师的期待:"对学生永远带着敬畏之心,始终把关注学生放在首位,清楚地知道自己的不足之处,能主动地帮助学生解决问题。"思想层面,学校希望新教师能懂得"错的不是世界,是你理解世界的思维"的换位思维方式。行规方面,学校希望新老师能够遵守行政协同中心制定的关于教师的要求,在着装等各方面符合教师的规范。更重要的是,我们的教育既基于现实,又面向未来,这就需要新教师能够关注"一个思维、一个智慧、几个原则、几个细节",尤其是能够体现出"差异化教学"的理念,这也是我们学校实施"分层教学"实践的理论基础。

差异化教学的理论内涵

差异化教学简而言之就是因材施教,具体来说就是在班集体教学中立足学生差异,满足学生个别的需要,促进学生在原有基础上得到充分发展的教学。在班级教学中,利用和照顾学生个体差异,站在学生的立场,促进所有学生的最大发展是解决学生差异问题的重要方法。这就需要教师面对学生诸多方面的差异不断思考,使教学内容通过差异化教学设计适应学生的学习需要,进而促进学生的发展。

差异化教学的核心理念是"以生为本"。具体而言,差异化教学是面向全体学生,立足学生差异,促进学生在原有基础上充分发展的教学理念。实践这一理念需要建立每位学生平等的学习机制,承认并尊重学生之间的差异,为弱势学生争取权益,赋予同样的高期待。教师为不同倾向性的学生创设多元的学习机会、学习任务,学生通过优势智能来为学习效果提升提供契机。

差异性也是激活课堂的原动力。学生的差异性表现在学力差异、性格差异、优势智能差异三个方面,正如交响乐的美体现在"和而不同",课堂教学的魅力也恰恰是"各美其美,美美与共"。

基于差异化教学理论的分层教学实施

学校对七年级数学学科实施分层走班教学制,就是对差异化教学理论的一次有益探索。七年级 6 个班,分为两个教学组,1 班、2 班、3 班为一个组,4 班、5 班、6 班为一个组,每组的学生又细分为三个大层、四个小层。依据日常学习成绩,结合教师的指导,学生自主申请进入相应的层级。若自主申请与成绩考量发生冲突,则以综合评定成绩为主。一个学期结束后,学生可书面提出升层申请,参加调层考试后,以调层考试成绩为准;如需降层,也需学生书面提出降层申请,以个人申请意愿为主。

分层教学中,教师对教学目标、教学方法,包括作业和测试的设计,都力求符合差异化的教学理念。

教学目标分层。以一个单元或章节为备课内容,由备课组集体讨论,确立各部分每个学生需要达到的基础性目标,适度调整不同层学生的提高性和发展性目标,拓展、强化知识的综合运用。这样的做法有效避免了传统教学中针对平均水平设置教学目标,学优生"吃不饱"、学弱生"吃不消"的教学现象,使学生都能在学习中达到预定目标,产生收获的愉悦,激发学习的兴趣。

教学方法分层。对 A 层学生,在知识理解应用的同时,注重思维方法的渗透,并进行拓展和延伸。对 B、C 层同学,在知识理解应用的同时,加强对学科各类规范要求的培养。

A 层特点:高目标,高要求,高质量,多内容,快节奏。

B 层特点:目标适当,节奏适中,内容适量,质量高。

C 层特点:降低目标,放慢进度,反复操练,重基础。

适应不同学生的智能差异,力求做到以学生的学习需要为出发点,"不让一个学生掉队"。

作业分层。针对不同层次的学生,作业设计上符合学生的需求。在统一作业基础上,对 A 层学生要增加一些有灵活性、综合性的题目;C 层学生适当减少部分有一定灵活性的题目,集中精力完成一些基础性作业。基础性作业,综合性作业,拓展性作业的不同设置让作业真正实现个性化,差异性。

新教师交流——破冰

学校围绕"自我介绍""什么是教育""如何做一名新教师"等话题安排了一个破冰仪式,由 10 位新教师做个人介绍和交流,增进彼此的了解与文化认同。

董: 我毕业于英国伯明翰大学,是英语教育硕士,其实在毕业之后有过两年的工作经验,但是在教育的这条道路上我还是一个新的老师。我认为对于新老师来说,其实有五种新的身份,五种新的角色。第一点,老师都是传道授业解惑者,这是我们的主要任务,就是把我们的专业知识最优化、最大化地传授给我们的学生。第二点,我觉得我们是学生们的朋友,说到朋友,我马上会想到六年级的语文课王老师,学生都非常认可他,他也愿意去倾听学生的内心世界,我觉得他是我在这方面的榜样。第三点,我觉得我们是学生的示范者,无论在专业知识还是在个人素养上,我们都是示范。学生每天接触最多的其实就是老师,这让我们有更多的机会规范学生们的行为,传递给学生适恰的思维模式,帮助他们树立正确的人生观和价值观。第四,我觉得我们应该也是调解员,无论是学生之间,还是学生和其他老师们之间,以及学生和家长之间。最后一点,我觉得我们是学习者,永远都是在学习道路上。作为新教师,我们更应该去学习,多听其他教师的课,学习他们的上课模式,学习他们的授课方法,学习他们的思维框架,以及他们课后对待学生们的一些反馈。

谷: 大家好!我来自江西,是数学老师。作为一个新老师,我本来觉得要做到的应该是有三点,刚才听了董老师的介绍以后,我觉得我的认识还有待完善。首先,我觉得我应该像一位刚进入学校的学生,所有的老师都是我的老师,我要向他们学习。然后,和我一同入职的伙伴就像我的战友一样,可以给我帮助,我们互相学习。第三,我们是一名教育工作者,教育就是教书育人。教书就是传授知识,是所有老师都要做好的一件事情。另外育人也非常重要,我们在教书的过程当中要言传身教去影响学生,给他们树立正确的人生观、价值观,培养他们良好的品格。叶圣陶老师曾经说过这样一句话:教育是培养良好的习惯。当我们的学生有一个良好的习惯的时候,他的成绩就是水到渠成的了。

凌:我是一名日语老师,西安人,我本科毕业于西北大学,研究生就读于上海大学。以学生为中心是我的教育理念。此外,我觉得教师要有自己的风格和魅力。如果能被学生喜欢,我觉得是一件非常有趣的事情。

嵇:各位领导、各位老师好!我毕业于南京邮电大学英语专业。我觉得比较重要的是要处理好教育者与被教育者之间的关系,老师和学生之间的关系应该是平等的、自由的。因为教育应该是一个主动接受的过程,而不是被动强迫的过程。教育是将学生从一个蒙昧的状态带入到一个理性理智的状态,让他们每一个人都能成为社会人,成为有灵魂和有信仰的人。对于我来说,作为一名新教师,我对于自己的要求就是:立足课堂,然后站稳讲台,不断地接纳自我,脚踏实地地去上好每一节课让学生满意。

张:对于一个新教师的定位,我想从两个维度去进行探索。一是学生、教师、家长,这三者一定要共同协作,并且要有一个灵活的碰撞在里面。二是教学教研。我是到上海读研究生之后才有一个整体的、系统化的理解,在研究生阶段,我用了将近一年的时间,专注地投入在学术创作这件事情上,最后我的论文也评到了"优秀"。我的论文做的是语料库语言学研究这一领域。过往的经历为我种下了思考和研究的基因。我希望能继续跟学校优秀的前辈学习,一辈子做老师,一辈子学做老师。

7. 中国人过年就是回"家"

——迎新春年会上的发言

亲爱的家人们：

请允许我用这样的称谓。昨天下午从教育局开会回来，我去看年会准备布置的情况，远远地看见一位亲切、熟悉的姐姐在粘气球的背影，会场门口贴了大大的"家"字，瞬间感到一股暖流涌上心头。在学校改制、老师面临流动的今年，我们默契地选择"家"这个主题词，用心了，动情了！今天是农历的小年，大家过年了！回家了！

中国人对"家"字有特殊的情感，她包含诸多的情感元素：无私、感恩、包容、体谅、互助、奉献、依恋、喜悦的分享、对挫折的疗愈……

一切都是自然的呈现，风也是她，雨也是她。"家"这个字超越时空的界限，只要是家，在时间维度上，过去、现在、将来都是你的家。只要是家，你在这里，抑或不在这里，都是情感和灵魂的栖息处，远也是她，近也是她。家更神奇在——华丽的语言也显得苍白，尽在不言而喻，浓也是她，淡也是她。家和万事兴，打虎亲兄弟，上阵父子兵。假期即将来临，让我们休养生息，祝大家春节祥和安康！

在春风吹来之际，齐心协力，守正创新，不负韶华！

8. 统合增效：1＋1＞2

——教工大会上的发言

　　史蒂芬·柯维在《高效能人士的 7 个习惯》这本书中提到了统合增效（synergize）一说。统合增效谈的是创造第三种选择——既非按照我的方式，亦非遵循你的方式，而是第三种远胜过个人之见的方法。实践统合增效的人际关系和团队会扬弃敌对的态度（1＋1＝1/2），不以妥协为目标（1＋1＝3/2），也不仅止于合作（1＋1＝2），他们要的是创造式的合作（1＋1＞2）。

　　目前学校的状态是通过结构性调整进入了增速的换档期。所以我想和各位老师就这个话题展开充分的讨论，我在此抛砖引玉，提出一些问题，希望能得到各位老师的回应。如果说有人和我意见不同，那么对方的主张必定有我尚未体会的奥妙，值得我进一步了解。

　　我想从三个小场景开始我今天的话题。

　　首先想讲一个动物学校的故事。自然界有一些动物开设了一所学校。这个学校为了统一管理，所以在考核项目、考核方式上都要整齐划一。学校开设了飞行、跑步、游泳、爬树四个项目，要求所有的学员都要通过这四项考核。鸭子擅长游泳，但他因为刻苦练习跑步磨破了脚掌，所以游泳成绩也受到了影响。兔子跑步是没有问题的，但是它不会游泳、飞行和爬树，因此兔子也非常沮丧。松鼠擅长爬树，但是考核飞行这一项目的时候，教练要求它必须以地面作为起点起飞，他无法做到，所以松鼠也很郁闷。老鹰是一个比较有个性的学

196

员,拒绝参与这些考核,继续以自己的方式飞行。而地鼠,这些项目都不擅长,因为它的生活都是在地下开展的。于是动物们集体抗议,离开了这所学校。

其实,不仅是学生,包括老师在内,我们每个人都存在着与他人的不同,不同的心理、不同的情绪、不同的智能,以及从每个人眼中看到的不同的世界。其实正因不同,大家在一起工作才会有收获。如果认为自己最客观,我们就在给自己画地为牢;如果能够虚怀若谷,认识到自己的不足,乐于汲取、重视不同的意见,则会增广见闻。不同或分歧是可以共存的,问题不在于一种逻辑关系,其实是一种心理使然,看看我们自己是否愿意接受。

尊重彼此的差异,发挥自己的优势,这样我们才能像右图中的一瓣橘子,跑到大蒜中也能融合在一起,虽然外观不同,但是它没有成为"橘"外人。

另外一个小场景是两夫妻商量如何度过假期。丈夫说我们去钓鱼,我选了一个很好的地方。妻子说我的母亲一直生病在床,都是妹妹在照顾,我要去看望她。这样就产生了矛盾。如果不能妥善

图 5-2 "橘"外人

解决这个矛盾,不仅假期不能愉快渡过,甚至夫妻之间的感情也会受到严重的影响。

这个时候该怎么办?他们努力去寻找"第三条道路"。丈夫建议,在假期之前,他尽可能多地担负起家务工作,把妻子解脱出来,让妻子在假期前去看望她的母亲,这样等到假期来临的时候,他们再一起去度假,两全其美。

所以说寻找第三条路,可以从非此即彼的状态当中解脱出来,实

现重要的模式转变，前后的结果是天差地别的。当然寻找第三条路要建立在一个基础上，那就是要足够地开放、坦诚、不惧风险，且理解他人。

第三个场景，二战之后美国任命戴维·利连撒尔任原子能委员会第一任主席，但是他把委员们聚集在一起之后，并没有马上开展工作，而是让他们在一起充分地进行交流。当时社会上颇有微词，因为美国要成为超级大国，必须快速在原子能项目上取得优势。但是经过一段时间的交流之后，这些专家在一起工作得非常融洽。他们通过思想碰撞产生了很多新想法和创意，让美国的原子能事业获得爆发性的增长。如果只是面子上的你好我好，实际上是一种妥协，那么 1+1 可能只等于 2。但是如果我们能做到统合增效，1+1 之和可能等于 8，可能等于 16，也可能等于 1 600。

所以这个统合增效实际上就是总体大于部分之和，但又不仅仅是组成部分，而是最具激发、分配、整合和激励作用的部分。统合增效是所有人类活动中最高级的一种，当人具备多种天赋，辅以双赢的动机及移情沟通，就能达到最高境界。实际上自然界当中到处都有统合增效的例子，比如说树木，如果单独的一棵树，在面对一些恶劣的自然天气，可能很快就会枯死，但当它们成为一片森林，就会共同抵挡恶劣天气，孕生出更多的力量。

我希望：大家能够少一些自我封闭，多一些开放、多元、包容；我们在一起就是一个团队，就要发挥团队的作用。希望学校全体教师能够同心、同向、同行，共建、共治、共享，在统合增效的道路上迎来自己的不断成长。

9. PLC 矩阵赋能教师专业成长

"专业学习共同体"（Professional Learning Community，PLC），是美国学者霍德于 20 世纪 90 年代首先提出的，他认为，学校教师和管理者以服务学生发展和提升作为专业人员的共同目的，通过持续的探索与分享学习，并将所学的内容付诸实践，从而使学校成为"持续探究与改善的共同体"。

当今社会信息、技能、思维快速迭代，应对日新月异的变化，更需要团队的智慧和力量。正如"一个人可能走得很快，但一群人可以走得更远"。构建专业学习共同体是革新教师专业学习路径、为教师专业发展赋权增能的重要载体，对持续地提升教师教学能力、推动学校教育改进发挥着关键作用。

"小青橙"学研团队——青年教师专业学习共同体

学校"小青橙"学研团队是一支有活力、有干劲、有情怀的青年教师团队（见图 5-3）。团队成立于 2019 年底。"为学生赋能未来，让每一个生命出彩"是团队共同的目标。成立初始，核心成员 11 名，全部来自本校，涵盖初中学段所有学科，是学校教科研、课程与教学领域的新生力量，也是学校发展的有生力量。11 名教师中，硕士及以上学位者 8 人，占比 73%，"85 后"教师 6 名，"90 后"教师 5 名。

团队探索领域丰富。在课题研究中，"小青橙"敢为人先，"教""研"结合，形成学校浓郁的科研氛围。在学校课程建设中，"小青橙"

勇做开拓者,献计献策,丰富学校 1.0 版乐思课程体系。在各类教学评比中,"小青橙"当仁不让,过关斩将,抬升学校教育教学品质的基准线。在学生护导工作中,"小青橙"勇挑重担,任劳任怨,筑起守护学生校园生活的安全线。同时,"小青橙"还组织"三生讲坛",为专家讲座、家校共育、学生学习成果展示等搭建平台。

自制机制健全。"小青橙"凝聚力强,成员自主设计了富有青春活力的团队标志,设计了"小青橙"专用印章,还填词作曲原创团队专属歌曲《小青橙之歌》。成员通过讨论制定了团队章程,明确了团队目标。他们定期召开团队例会,开展头脑风暴,为学校教育教学的方方面面出谋划策。值得一提的是,为了激发团队每位老师的潜力,助推青年教师各方面能力的发展,"小青橙"每次例会都会设筹备组和会务组,智慧协同,确保每一次例会顺利且高效地开展。

附:小青橙之歌

借用天空
丈量你的梦

无数可能
都等着去发生
未来用梦想堆砌
想象为创造激励
敢于人先
我爱故我在

图 5-3 小青橙学研团队标志

青橙的青 是青春无限
是永远盛开的一种色彩
不用徘徊 绽放你的精彩

漫漫长路　总有我们的祝福

借用天空

丈量你的梦

无数可能

都等着去发生

只要你勇敢点头

对手都为你加油

面对明天

微笑 say hello

青橙的青　是青春无限

是永远盛开的一种色彩

不用徘徊　绽放你的精彩

漫漫长路　总有我们的祝福

To invigorate and empower the future

成果丰硕

"小青橙"全员参与市级课题，以科学研究引领专业发展。教育即研究，秉持每位教师都是研究者的发展理念。"小青橙"全员参与学校 2021 年立项的市级课题《全场景教学的常态运行研究》（C2021163），经过了开题论证和前期探索，目前已经形成了 9 项子课题，如预学微课、学情研判、对话策略等，"小青橙"成员成为子课题的项目负责人。

开发主题慕课，探索线上线下混合学习模式。2020 年 1 月，面对突如其来的疫情，"小青橙"团队积极响应教育部"停课不停教，停课不停学"的号召，于疫情之初迅速集结，自主开发了"'蝠'祸相倚——面对疫情我们在思考"综合素养之思辨课程群，共含 39 节微课，引导学生利用社会这本打开的教科书,培养应对危机的思维和能力。该课程以跨界融合的方式审视疫情现象,着力培育学生的"学习力"和"思考力",提升学生的"批判性思维"。他们充分利用多媒体技术开设"慕课"平台,学生可以登录校园网随时上课学习。

2021年1月,"小青橙"再添"慕课力作"——"劳动礼乐"综合思辨课程,以"劳动教育"和"跨界融合"为核心,设计与开发了如"走进'诗经',赏劳动之景""古代劳动人民的智慧之简易的天平制作""动物模仿秀"等29节微课,涵盖所有教学学科,致力于涵养学生尊重劳动、热爱劳动的品质,体验劳动乐趣,锤炼劳动技术,发现劳动艺术。课程群被松江融媒体中心、《松江报》等媒体相继报道。此外,学校也依托这一项目申报了区项目化学习项目。

2021年6月,中国共产党建党百年之际,"小青橙"青年教师学研团队特别推出"红色映画"专题慕课,以课程的形式走近红色文化,为的是传承与弘扬红色精神,在中国少年心中厚植爱国主义情怀。"红色映画"以在线课堂的形式,搭载丰富多彩的专题,引领同学们在一个个学习项目中感受红色文化、传承红色精神。其中,有涉及红色旅游开发的"文化与生态——红色旅游开发";有从诗词鉴赏角度品味红色文化的"诗词中的革命硝烟";有将红色文化与科学、物理融合的"'东方红'红色基因的宇宙航天探索者";还有从时下流行的影视剧中回望初心、展望未来的"《觉醒年代》你看懂了吗?"……"红色映画"课程是献礼建党百年的教育回响,也是推进全场景教学的初步探索。

期待持续的专业发展

"小青橙"是一支年轻教师团队,目前已壮大到三十余人。他们在教科研、德育探索、课程建设教学评比等领域获奖颇丰。例如教科研方面,团队成员曾获第二届上海市教学成果奖(特等奖)、全国教育教学成果奖(二等奖);在德育探索方面,多名成员被评为优秀班主任;在课程建设中,自主研发多门微课程;教学评比中,在上海市民办小学、初中青年教师"名爵杯"斩获奖项,在松江区教学"一招鲜"项目微课制作评比初中组一等奖等。

一切过往,皆为序章。"小青橙"团队在后续的发展中,将以教师专业共同体(PLC)的发展理念,在共同的愿景和共同体的行动中,在团体中不断汲取学习的力量和智慧的交流,实现持续的专业发展。融合个人专业发展和学校发展,以个人发展助力团队发展,推动学校的发展,重构学校的文化样态。

教师专业学习共同体让成员们在交流和合作中相互学习和碰撞,完善专业技能和专业知识,让教师从个体化、孤立化转变为团队化、互联化,最大限度地发挥了教师的个人优势,激发了教师的主动性,最终实现协调成长、共同发展。学校将致力于打造教师专业学习共同体矩阵,给各类教师提供舞台和引领,赋能教师专业成长。

第六章

延展学校教育的边界

在面向未来的教育中，家庭、学校、社区三方需深度合作，共同探讨学校应以何种文化育人、如何育人等问题。三者形成一股合力，推动课程实施，为非正式学习环境、社会实践等提供多元的技术支持和资源支持。家庭、社区甚至会超越支持者和志愿者等角色，晋升为学校发展的联合决策者，这种更深入、互动性更强的"家庭-学校-社区"关系，不断延展着学校教育的边界，并促使学校更好地服务和反哺于社会。

1. 家校耦合共同体

2012年教育部印发《关于建立中小学幼儿园家长委员会的指导意见》中提出："建立家长委员会,对于发挥家长作用,促进家校合作,优化育人环境,建设现代学校制度,具有重要意义。把家长委员会作为建设依法办学、自主管理、民主监督、社会参与的现代学校制度的重要内容。"孩子的健康成长是学校教育与家庭教育的共同目标,为贯彻上述《意见》,学校积极建设家校合作共同体,充分发挥家长的力量,优化学校育人环境。

办成"落地式"家长学校

为深入贯彻党的十九届四中全会提出的"构建覆盖城乡的家庭教育指导服务体系"要求,更好地探索家庭教育立德树人的有效途径和科学方法,学校组织开办家长学校,以家校合作常态化、家校管理制度化、家庭教育指导科学化的理念为指导。

家长学校邀请了多位优秀学生的家长交流教育经验,给予家长们以育儿启发。如学校2016届优秀毕业生何同学,被松江二中录取后,又在2019年高考中被清华大学录取。学校邀请何同学的爸爸当新一届初三家长学校的讲座嘉宾。

何爸爸的话题从学习习惯养成的重要性聊起,他谈到了孩子的心态和亲子之间的沟通,还谈到了初三避不开的话题:关于游戏——疏大于堵,合理引导而不是一味打压;关于补课——充分相信学校老师最重要,补课与否因人而异。何同学的真实成长经历,让与会的九年级家长频频点头。何爸爸深入浅出的阐述、推心置腹的交流、充满生活气息的话题,给与会家长带来了很多启发,使他们更有信心为自己孩子即将开启的毕业班学习生活做好筹划。

凝心聚力 发挥家委会的力量

苏霍姆林斯基将学校和家庭比作两个"教育者",两者"不仅要一致行动,而且要志同道合,抱着一致的信念"。家校共育,关键在"共",目标在"育"。家长和老师的有效配合,形成家校共育的整合优势,各方不缺位、不错位,为孩子们营造一个和谐的家庭环境与校园环境。

学校致力于构建家校共同体,学校家委会由"三级"家委组成,又从校级家委中遴选"特色"家委,最终组成了校级家委常委会,在家委会主任的统领下分设教育支持部、生活安全部、活动策划部、综合事务部,明确了人员分工及职责安排见表6-1。

表6-1 学校家委会分工及职责一览表

分 工	职 责
家委会主任	总体负责组织协调家委会的各项工作:召集家委会委员、精心策划、筹备和组织富有教育意义的活动;实行例会制度,为学校管理教育工作献计献策。
教育支持部	1. 代表家委会参与学校教育工作,负责相关工作的家校沟通协作。 2. 负责整合家长资源为学校教育教学活动提供支持。 3. 组织家长发挥自身职业资源优势,为学生开展校外活动提供教育资源和志愿服务。 4. 组织家长发挥家长自我教育的优势,交流宣传正确的教育理念和科学的教育方法。 5. 负责校家委会微信群管理工作。

续　表

分　工	职　　责
生活安全部	1. 代表家委会配合学校做好学生成长环境方面的工作。 2. 负责生活安全相关工作的家校协调。 3. 负责组织家长为学校在学生生活安全方面的工作提供支持和志愿者服务。 4. 代表家长对学校相关方面工作进行监督，提出建议。
活动策划部	1. 代表家委会参与学校活动的组织策划。 2. 负责校家委会活动组织策划。
综合事务部	1. 校家委会会议组织。 2. 配合学校管理家长资源库。 3. 家委会的团队文化建设。 4. 家委会财务审计工作。 5. 爱心基金的管理工作。 6. 家校沟通工作，及时将家长意见建议反馈学校。

为加强家长参与，优化学校办学环境，邀请家委会成员参观学校创新实验室、协同食堂就餐管理、参与学生德育活动。既增进了家校联系，家委会也在学校的各项建设中积极建言献策，促进学校各类建设的优化与提升。

三生讲坛：充分调动家长资源为学校教育助力

家长中有着不少能力强、知识面广博的"牛人"，他们的知识与经验很适合拓展学生的学习视野，开拓学习新渠道。"三生讲坛"是广大家长参与学校教育的有效路径。近年来，许多家长登上家长"三生讲坛"，赋予学生探索世界的多元视角，使得学生的视域更为辽阔。

例如，崔同学的爸爸崔教授来到"三生讲坛"，为九年级的学生带来《智能机器人技术应用现状及发展》。

崔教授致力于机器人机械学、协作机器人力控技术、机器人健康评估与故障诊断等领域研究,主持或负责国家自然科学基金、国家火炬计划等国家、省部级科研项目 10 余项,获得国家专利授权 20 余项,获得省部级科研奖励 2 项,开发新产品获得中国产学研合作创新成果奖 1 项等,成果丰硕。

机器人如今是国家科技先进的标志之一。近年来,我国在机器人领域发展迅速,机器人也拥有了学习能力、感知能力,他们也会学习、思考。崔教授借机器猫引入,讲述了智能机器人的昨天、今天和明天。讲座内容涉及机器人和机器人家族的发展。崔教授也向学生阐明了机器人行业与数理化学科的关系。一切科技发展都需要数学、物理等基础学科的有力支撑,只有重视基础学科,才能在全球科技竞争中赢得主动。"求木之长者,必固其根本;欲流之远者,必浚其泉源"。崔教授勉励同学们:少年强则国强!当下,要努力学习科学文化知识,在未来为祖国的科技发展做出自己的贡献。

讲座之后学生反响强烈。学生 A 在感悟中写道:

听了机器人的讲座,我的脑海中掠过一幅幅美好场景——工厂里,机器人代替人们做各种又累又脏的工作;家里,他们承包了所有家务活……胡思乱想中,电影里四处逃窜的人类被机器人肆意屠杀的画面忽而闯进脑海,心中似乎吹过一股阴风,我不禁疑问:有了机器人,到底是一种幸福,还是一个悲剧? 这个问题是无解的。但是我知道只要我们足够强大,不论以后会不会有机器人造反、大批人类失业、机器人战争,都不用担心。同时也只有我们足够强大,才能适应这个社会,才能让自己生存下去,弱者必定会被淘汰。

学生 B 写道:

排爆机器人,它能挽救千千万万在雷区排雷战士的生命;消防机器人,它能更迅速地对火情进行有效控制……在今天一个多小时的机器人讲座中,崔教授给我们举了种类繁多、样子千奇八怪的机器人，它们无一例外使得工作更高效，出行更便捷，生活更多彩。科技的力量震撼了我。"一切皆流，无物常驻"，唯有不断创新才能发展进步。但我也想，科技发展应坚守善良之根，以实打实的步伐去追赶时代洪流而不是只顾名利，将服务于人为方针始终贯彻到底，何惧人工智能机器人反过来控制人类制造危机呢？

各级家委会　聚是一团火　散是满天星

班级是重要的育德阵地，也是家校沟通的重要枢纽。从"家班共育"的视角，利用好地区文化资源，聚焦"行走松江"研学活动的课程化，学校开展了实践探索研究。

研学活动现状调研。研学活动在实施过程中，深受学生喜爱，也存在一些问题。为深入了解研学活动的现况，有的放矢地优化活动设计，课题组面向学生、家长和教师三类群体开展问卷和访谈（含面对面访谈和书面访谈）。课题组设计"关于'行走松江'研学活动的调查问卷"，对学生进行问卷调查；开展了"关于'行走松江'研学活动的调查"，对教师和家长进行访谈。活动共发放学生问卷 325 份，收回问卷 325 份，有效问卷 325 份；访谈了 6 名教师及 13 名家长，其中 12 名家长参加过学生的研学活动，11 名家长参与过研学活动的策划与组织。对相关的数据和材料进行了初步梳理、分析与归纳。

（1）学生和家长对于研学活动的教育价值持积极态度。数据显示，大多数学生（91.08％）表示喜欢研学活动，所有家长（13 名）都认为研学活动非常有价值。新中考政策背景下，初中学生的"综合素质评价"已提上议事日程，对于学生的社会考察、职业体验、探究学习能力提出了较高要求。调研结果显示，研学活动是较受学生欢迎的综合实践活动，学生和家长都认同研学活动的教育价值，并能够积极参与其中。

（2）学生和家长认为研学活动的形式和内容有待丰富。经调查,学生们对于研学活动类型喜爱度排名前五位的依次是:探索自然类、名胜古迹类、手工制作类、文体活动类、人物走访类。已开展的一些研学旅行的活动与学生的期待有些偏差,这可能是囿于资源类别不够、时间较短、组织经验不足等,导致研学活动的内容和形式比较单一。原因主要在于,活动由学校学生发展中心或者班主任策划实施。研学活动前期设计时,未能充分酝酿、广泛征集家长和学生的意见,使得具备丰富社会资源的家委会,没有积极参与进来。

（3）教师和家长认为研学活动的课程化程度有待提升。从家长与教师的角度来看,当前的研学活动存在"前期准备不够充分""研学目标和活动主题结合不够明确""研学活动后续内容不够丰富""学生的感悟和反思交流得还不够深刻"等问题。可见,当前开展的部分研学活动存在形式大于内容的情况,课程化程度不足。缺乏课程目的、课程内容、课程实施和课程评价等课程要素的系统设计。

"行走松江"研学课程建构。为更好建构家校共育模式下"行走松江"研学课程,课题组经多次研讨与论证,认为研究重心在于"家班共育"机制的建立和课程设计的适切性。因此,"行走松江"研学课程设计既需综合考量学生认知发展特点、学生研学意向、家长资源等因素,又需要依托松江地域文化。同时,课题组也在"家班共育"的视角下开展探索,在鼓励家长参与的基础上建构"行走松江"研学课程。课题组设计"行走松江"研学课程时紧扣三个关键词,即融合、探究与自主。所谓融合,指研学课程与松江地域文化和学校课程的有机融合;所谓探究,指课程活动的学习方式增加研究性和合作性;所谓自主,指课程实施中家长、教师与学生主动参与。

（1）绘制了4条经典"行走松江"的路线。课题组充分挖掘了有着"上海之根"美称的松江地域文化资源,选取若干典型场域,带领学生在绘有松江一草一木、一景一物的巨幅的画卷上行走,探寻松江地域文化脉络,践行"读万卷书,行万里路"。目前,已经完成了4条线路的探索,分别是松江城区线、最美仓城线、泗泾历史线和五库-新浜新农村徒步线。

(2)融探究任务于研学课程的目标设计。课题组尝试在研学课程的目标中设计一个小的探究活动,引领学生带着学习任务去研学,并且鼓励学生开展团队合作。例如在新农村徒步线的研学活动中,设定的探究活动为农具变迁背后的技术革新;新农村的人口流入与流出等。

(3)研制《"行走松江"研学手册》2.0版本。研学手册既作为学生开展活动时必要的操作手册,也作为"行走松江"的足迹纪念。既要保证手册的实用性,也要关注活动资料的完整性和美观度。2.0版本采用寓教于"研"的活页式口袋手册样式,以任务群的方式展现研学课程,呈现开放可拓展的研学路线。以松江历史文化为主线,将鲜明的活动主题串联起来,力求成为一本能够带领学生在松江"博古通今,穿街走巷"的实用手册。

2. 虽为微末　从容始终
——疫情期间线上家长会

前情：2020 年初,突如其来的新冠病毒疫情蔓延全国,紧张的疫情防控态势下,为响应"停课不停学"的号召,学校于 3 月 2 日开启线上课堂。

电影《流浪地球》开篇说:最初,没有人在意这场灾难,这不过是一场山火、一次旱灾、一个物种的灭绝、一座城市的消失,直到这场灾难和每个人息息相关。

2020 年初,突如其来的新冠病毒疫情蔓延全国,每个中国人都经历了这场灾难。这其中五味杂陈。迷茫与坚定、悲伤与感动如同车窗外的风景,在我们的眼前一一掠过。我们更加清楚地知道:不确定性,是这个时代的基本特征;应变,应是我们思维的新常态。所以,当学校 3 月 2 日采取线上开学模式,以信息技术引领的未来教育模式(教师教的方式、学生学的方式、家庭管理的方式)被催生着提前到来。老师、学生、家长不再考量教育能不能这样做,而是积极地参与到新的学习革命中来。

"停课不停学"的背后凝聚了多方力量,通力合作、同心协力、迎难而上,在挑战中把握机遇,推进变革。

上海市教委的精心安排

应该承认,世界已经被疫情所改变,我们的社会治理体系和教育体系都已经进行调整。上海市教委组织1 000多名特级教师、正高级教师和骨干教师开发教学资源,课程由求多、求新、求广变为求精、求实、求变,这对于老师和学生都是一场课程的盛宴。

线上教学离不开多种硬件、软件设施设备的配备与协调,复杂多样的后方保障更体现了多方努力的成果。全市开拓有线电视平台及多个大型网络视频渠道统一播放空中课堂;学生原授课教师通过网络或其他平台对原班学生开展线上辅导和互动;松江区也搭建了云间课堂作资源整合;线上学习方式提前进行区、市级的演练保证师生熟悉运用;学生教材采用邮寄方式用最快的速度送到学生家里……种种平台资源协调运作的背后,是无数为支持教育勤恳尽职的平凡而伟大的普通人。

相信学校老师的管理

为线上上课提早规划,充分准备。1月底,学校确定了学校使用的互动平台,技术人员对全校教师进行了全员培训。老教师说,要拿出当年西南联大的教学精神,绝不在技术上落后。教师们充分发动奇思妙想,运用家里的材料制作各种录播工具。

互为关系的双方是要负责任的。作为老师,我们的责任不仅仅是学问和知识的交互,还要有深深的爱。学校通过问卷对学生和家长进行调查,了解学生的学习硬件及心理、自控能力,设计相应的策略。无论线上教学还是线下教学,教学的本质属性不变,课程设计的原点不能动摇;无论线上教学还是线下教学,育人的宗旨不会变,对于有特殊要求的孩子,学校会定人跟踪,我也与部分孩子进行了秘密的约定。

针对突如其来的疫情,由学校青年教师组成的"小青橙"学研组织成员,开发了"'蝠'祸相倚——面对疫情我们在思考"思辨课程群。

这支未来的教育力量在成长，"嘤其鸣矣，求其友声"，更重要的是用跨界常识和批判性思维，解读疫情、剖析灾难，鼓励已存在于孩子心中的探究与求知的精神，帮助他们从冲突和对立中解脱出来。生活即教育，世界即教材，给孩子真正有用的学习，给他们坚强沉静的思维，让他们拥有更完整、丰沛的人生。

相信我们自己应对困难和变化的能力

在火神山医院正式交付的前夜，这座仅仅用了 8 天就建成的医院还处在紧锣密鼓的施工当中。毕竟，提前 1 分钟交工，就能提前 1 分钟救人。一个小插曲正在火神山医院的施工现场悄然发生。此前，海尔集团向火神山医院捐赠了 200 台冰箱，可此刻，这 200 台冰箱因施工现场周围的特殊路况，被堵在了距医院 2 公里以外咫尺之隔的地方。为了能够按时完成任务，从傍晚 7 点开始，30 多名海尔突击队的队员分为两人一组，依靠步行，肩扛手抬着将冰箱运抵病房，用双脚打通了"最后 2 公里"，并于 2 月 2 日凌晨 5 点前，连夜抢装完所有设备。当日上午，火神山医院正式交付。海尔突击队的队员们和其他无数施工人员一起，用自己的血肉之躯，缔造了真正的"中国速度"。

抗击疫情的过程中有许多可以成为"奇迹"的事情，但"奇迹"并非"神迹"，是每一个有着坚定信念的普通人，用积极应变的心态与不懈努力的坚持创造的。

相信家庭的力量

过去一个月，因疫情影响，我们待在家中，进入了一种被动的安逸的生活。与空无一人的街道形成对比的，是每个忙碌的厨房里蒸腾着的饭菜香气。那些因生活习惯不同而产生的争吵，变成了提醒对方注意防护的嘱咐。父母与孩子之间也在此期间放下了代际间的芥蒂和不同生活方式间的冲突,家人彼此联结着变成一个个更加紧密的团体。在绝对危难的时刻,能和家人在一起的人们都是幸运的。至少他们可以感受到来自最亲近的人们的关心,也就可以支撑着自己走得更远。萧伯纳说:"家是世界上唯一隐藏人类缺点和失败的地方,它同时也蕴藏着甜蜜的爱。"也是在此时的特殊时期,我们与家的纽带,正随着时间的前进而逐渐加深、凝聚。如你一样的平凡人,是这个世界上的大多数。我们与家人的能力在疫情面前显得格外渺小。但此刻,家人之间依旧会拼尽全力地照顾好彼此。让小家周全,就是为大家做贡献。面对疫情,我们要做家人的英雄,而家人,也是我们世界中最大的英雄。

而现在,家长、孩子都要不同角度成为英雄。构建学习型家庭,是一家人居家生长的最好状态,产生"共振效应",形成生命能量的交互场,家庭成员共同营造新常态下家庭文化、家庭规则与行为方式,架构孩子成长的底层逻辑,和孩子一起读书,看各种慕课,累积智慧,这些都会藏在孩子们的脸上,气质里,谈吐中。即使以后没有富庶的生活,仍有富庶的生命。和别人做着同样的工作,确有不一样的心境;有着相似的家庭,确有不一样的情调。孩子有家长密切陪伴的生活多么美好!

相信孩子,互相尊重

心理学上有个名词叫投射心理,即把自己的个性、好恶、欲望、观念、情绪等心理特征归属到他人身上,然后不自觉地把自己的意志强加于别人。这种心理作用于他人的自由意志之上,就是一种捆绑和束缚。就像美国心理学家马歇尔·卢森堡的《非暴力沟通》一书中提出的:当我们的语言和表达方式,倾向于忽视人的感受和需要,以致彼此的疏远和伤害时,这种沟通方式会让人难以体会到心中的爱。对方即使接受批评,做出让步,通常也不是心甘情愿的。如果她们处于恐惧和内疚来迎合我们,那么或迟或早,我们将会发现对方不再那么友好。思想家卢梭曾经说过,世界上最没用的三种教育方法就是:讲道理、发脾气和刻意感动。我们何不和孩子做一个约定,如何自主管理学习、作息、交流,减少他律多些自律,模拟一场未来技能的提前排练,设置有规定又有温情的家庭学习公约,共同营造家庭学习场。我们何不与孩子共情,面对这场危机,对孩子们是难得的人生经历,对她们的成长与进步产生重大的影响,孩子心中是有认知、有变化的,善于发现、激发、放大这种情绪,形成正能量,进而将优秀成为一种习惯。

在这我举一个身边的事例。上海市松江区中山街道社区卫生服务中心的一名医生,在疫情发生后,她一直工作在防疫的第一线。好久没有见到妈妈的女儿央求爸爸带她去看妈妈,为避免接触,女儿只能隔着一段距离,远远地和妈妈喊话。从母女见面照片的躯体语言中,我们读到医生母亲呼之欲出却极力掩饰的拥抱,我们也看到,懂事的女儿故作轻松的回应。相望中,母亲获得慰藉;相望中,女儿感悟使命,小小的背影多么坚定!

在线上开学即将到来之际,我们大多数的孩子能够在父母或亲人的陪伴下学习,无须这难熬的思念;我们大多数的家长能够和孩子相濡以沫,无须决绝的断舍离,那么我们会如何应对教与学的变革呢? 作为校长,我选择相信,经历了灾难的我们,虽为微末,但沉着始终,相信我们的孩子和家长,将以不变的初心和素养迎接变革,找寻新的效应点。我更加期待不久的将来,校园里传出孩子们朗朗的读书声。

3. 校际交融创生

2018 年 12 月 8 日，中共中央、国务院发布的《中国教育现代化2035》提出："鼓励各地通过多种有效方式，持续扩大优质教育资源覆盖面。"中共中央办公厅、国务院办公厅发布的《加快推进教育现代化实施方案（2018—2022 年）》指出，要"通过学校联盟、集团化办学等多种方式促进优质教育资源共享"。在此背景下，为推动学校课程改革，推进课程的开发和建设，不断改进和完善课程体系，构建有利于学生多元化发展的智慧课程，学校着眼于校际联盟，与特色学校、高校建立了合作关系。

与上戏附中共同进行课题开发

2020 年 10 月，中共中央办公厅、国务院办公厅印发了《关于全面加强和改进新时代学校美育工作的意见》，《意见》提出，要把美育纳入各级各类学校人才培养全过程，贯穿学校教育各学段；要树立学科融合理念，大力开展以美育为主题的跨学科教育教学和课外校外实践活动。这些都为义务教育阶段的学校美育提出了新要求，也指明了新方向。为增加学校艺术教育发展的力量，推动学校"金牌主播"特色课程的开展，学校积极开拓与上戏附中的合作互联。

上海戏剧学院附属高级中学课题《高中艺术综合主题课程开发

与实施研究》①致力于高中艺术综合主题课程建设,专注于艺术专业学生与非艺术专业学生共同发展,探索戏剧艺术特色课程全面育人新路径。

在课题研究过程中,学校曾多次组织队伍赴上海戏剧学院附属高级中学交流学习、深度探讨,认同其融通两类学生,进行艺术综合主题课程建设的思路以及通过课程建设促进美育落地的实践,并对课题研究促进学生核心素养发展的效果作了充分肯定。

学校艺术课程建设过程中借鉴了上述课题研究的诸多经验,高中艺术综合主题课程图谱构建的思路对于学校的艺术课程建设及特色课程开发起到重要推动作用。

与上经贸签订实习实训基地协议

未来人才素质培养中,语言技能不容忽视。国家近年来先后出台的多种有关教育发展的文件,对包括非通用语种在内的外语人才或国际化人才培养都提出了明确的指向要求。《国家中长期教育改革和发展规划纲要(2010—2020)》提出,要"适应国家经济社会对外开放的要求,培养大批具有国际视野、通晓国际规则、能够参与国际事务与国际竞争的国际化人才"。2016 年 4 月,中共中央办公厅、国务院办公厅印发了《关于做好新时期教育对外开放工作的若干意见》,对做好新时期教育对外开放工作进行了重点部署,提出加快培养拔尖创新人才、非通用语种人才、国际组织人才、国别和区域研究人才、来华杰出人才等五类人才。教育部 2016 年制订的《推进共建"一带一路"教育行动》将"促进沿线国家语言互通"列为开展教育互联互通合作的一项重要内容。可见,多语种人才、非通用语种人才是

---

① 上海市教育科学研究项目(市级一般,编号:C16043).

中国面向未来的人才需求之一。

经济的竞争就是人才的竞争,人才的基础在于教育,让优秀的人培养更优秀的人是我们的教育方向。因此,利用松江大学城这个地区资源优势,学校积极与上海对外经贸大学国际商务外语学院开展合作,作为其实习实训基地正式挂牌。上海对外经贸大学国际商务外语学院选择义务教育阶段的学校作为实习实训基地,是根据《教育部关于做好 2016 届全国普通高等学校毕业生就业创业工作的通知》(教学〔2015〕12 号)的要求,进一步优化学生就业实习基地,并为用人单位选才提供便利。上海对外经贸大学国际商务外语学院选择学校作为基地学校,也是对我们学校办学理念和实践的认同。

华师大口语专家来校做培训

上海中考改革变化之一是英语增加听说测试,常规课堂是提高学生听说能力的主阵地。为提高和优化我校初中英语教师的口语表达能力,学校邀请了华东师范大学英语学院张教授为英语教师开展听说培训,帮助老师纠正语音语调,掌握发音技巧,研磨英语听说教学方法。

在培训中,张教授针对每位英语教师设计了个性化的课程,在课前、课中、课后三个环节进行巩固提升。通过系统的培训,老师们在语音语调、流畅度和情感方面都取得了长足的进步,同时也将张教授的听说教学方法融入常规的英语课堂,增强了课堂的灵动性。松江区英语研训员陈老师也多次莅临培训活动,和张教授一起给予专业指导。

讲座中,张教授逐一分析英语听说测试题目中的考察项目和要求,随后对老师们的发音进行了详细的纠错和指导。此外,针对教师和学生在英语口语实际运用中常见的错误,张教授传授了许多纠正发音的技巧和方法,旨在帮助英语教师能够更加精准地指导学生,纠正学生的语音语调。在一次次的口语培训中,老师们都获益匪浅,不仅自己发音更加地道,也能更加精准地指导学生。

与松江一中集团化办学

上海中考新增了"跨学科案例分析"科目,需要学生综合运用地理、科学、生命科学的知识分析案例、解决问题。这样的新题型改革,无论是对学生还是对教师而言都是一次不小挑战。为提高和改善此项科目的教学方式,学校邀请了集团化办学上一学段学校——松江一中的周老师指导融合课程的教学,从学科知识整体建模的角度,找准融合课程的思维培养路径。

周老师认真聆听了老师们的课堂授课,肯定了课堂中新颖的教学方式和扎实的知识基础,对于学科的融合教学提出了更精细的指导,以学生为本,设计和运用更有利于调动学生学习兴趣的教学活动,小组合作、主动探究,培养分析问题和解决问题的能力。

上海海洋大学教授指导科创课程

科学技术是第一生产力,当今世界技术日新月异,而人才是推动经济社会发展的第一资源,是实现民族振兴、赢得国际竞争主动权的战略资源。科技人才更需要从娃娃抓起。学校积极发展培养科技小研究员,参与市、区级科技项目评选活动,收获颇丰。为继续巩固增效小研究员们的科研能力和创新思维,学校邀请了上海海洋大学的吴教授作为专业评委和指导教师。

小研究员们的课题领域广泛,从"物理学"到"化学",从"工程学"到"环境科学",从"生物化学"到"人工智能",跨学科融合式的创意成果精彩纷呈。学生们的钻研精神与认真学习科学的态度得到了吴教授的高度认可。吴教授现场点评指导各研究员的项目,评选出了五位校级科技"明日之星"。在之后区、市级的评选中,学校多位同学斩获佳绩,更有优秀学子成为市级小研究员。

在教育改革的大背景下,教师面临着技术领域、经济领域、文化领域等多元地重构核心素养和关键品格的需求,与重点高中合作、特色专业院校合作、与高校协作,为老师的终身学习提供了优质的资源,为学生的多元化发展提供了宽广的平台。同时,就现阶段学校着力打造的多元化特色课程,合作学校与高校专家学者,也将为学校师资的稳定和继续教育,提供强有力的保障。

4. 社会力量共同演化

当今世界科学技术日新月异，许多知识不可能都在课堂上学到，许多能力不可能仅在学校就能培养，需要通过更多平台、途径，拓展学生的眼界、扩大知识面，用实践学习知识、巩固知识、培养能力。因此怎样有效整合社会资源，开展社会实践活动，使学生更深入地了解国情、关心社会发展，从而培育社会责任感，是学校教育需要思考的内容。

在此思路之下，学校与新闻晨报"晨才学院"开展了多次社会实践活动项目的合作。以2021年暑期社会考察活动为例，"晨才学院"开设了三条游学线路，丰富学生的实践探究领域（见表6-2、表6-3、表6-4）。

表6-2　古往今来的文化探索之旅——非遗文化小小体验官（六年级）

游学线路简介	中华五千年的文化，悠久的历史，留下了丰富的文化遗产，这些文化源远流长，是艺术宝库上的璀璨明珠。是先辈留给我们的精神财富，也是我们中华民族的魂。此次游学活动我们将通过到访专业非遗文化剧团，观赏非遗文化作品，深入感受体验非遗文化，同时通过参观世博会博物馆，探索并了解文化的历史底蕴，开启一段古往今来的文化探索之旅。
游学目标	1. 通过国内外名家木偶展示，创新剧目演艺观赏，非遗文化教育培养，多方位、全角度深入体验传统非遗文化技艺，感受传统非遗文化的魅力。 2. 将传统文化延展至世博会博物馆，世博会博物馆内的展品体现了中国古老的文化和智慧，让我们化身为"鲁班的小徒弟"，利用榫卯加固物件，体验传统木工技艺，完成榫卯结构的中国馆搭建。

游学任务	1. 在木偶技艺传承人的带领下观摩从古到今的木偶演变发展历史，赏析国外获奖木偶实物，了解木偶的种类。 2. 观赏一场由专业的木偶演员演绎的创新木偶剧。 3. 在专业的木偶演员的讲解下，来一场木偶大揭秘。 4. 了解至少一种木偶的操作方式和表演形式。 5. 参观世博会博物馆，了解世博会的发展历史与现实意义，学习世博会有关知识。 6. 参与世博小课堂，体会小小工匠精神。 7. 根据游学手册，书写游学日志，形成游学总结报告。

表 6-3　光影中的红色往事——影视基地红色主题游学(七年级)

游学线路简介	上海影视乐园，又名车墩影视基地，主要标志由南京路、石库门里弄群、马勒别墅等多余处影视拍摄景观组成，是以民国时期文化为背景的仿古建筑群。上海影视乐园为中国十大影视基地之一。在上海影视乐园取景的有电视剧《情深深雨濛濛》《麻雀》、电影《建党伟业》《功夫》等作品。 同学们将走进影视乐园，以 1920—1949 年间发生的爱国建党历史故事为主线，学习红色革命精神与建党、建国历史，以不同人物角度多方位了解那个年代的革命故事。
游学目标	1. 了解中国共产党，能知党史，爱党业。 2. 通过角色扮演、完成任务，继承先烈遗志，做新时代好少年。 3. 通过宣传、呼吁，号召广大青少年学习英雄精神、不忘历史，践行新一代的使命。
游学任务	1. 根据任务卡了解中国共产党建党历史，补充党史知识，学习与传承红色精神。 2. 参观体验《1921》拍摄地实景，发现红色革命"根据地"的建筑特色与影视布景背后的故事。 3. 领取不同角色任务，以历史人物角度沉浸式学习红色历史。 4. 根据故事线走向通过关卡，体会革命道路的艰辛不易。 5. 观看革命故事复原表演，唱响革命歌曲。 6. 根据游学手册，书写游学日志，形成游学总结报告。

表6-4　城市建筑里的秘密——大上海发展启示探究(八年级)

游学线路简介	我们成长、生活的城市,日新月异,海纳百川。国际化大都市,是我们对它的第一印象。然而城市在发展演变的过程中,有着深厚的文化底蕴和众多的历史古迹以及文化遗迹,后人将这些城市瑰宝传承,修缮,赋予新生的力量和光彩。其中不乏城市的地标和象征。此次活动,我们将参观豫园微缩主题沉浸馆,以及"远东第一俱乐部"——上海"大世界",寻找那些古今融合,传统与现代交织的实景,发现现代城市下的底蕴之美。
游学目标	1. 通过参观微缩建筑＋机械艺术＋数字多媒体方式演绎城市历史的主题场馆,将艺术和高科技相结合,在互动中亲历有温度的历史细节和人文故事,对城市发展有新的了解和认知。 2. 采撷上海大世界舞台艺术百年历程中的精彩数据,串联成一幅幅生动的历史画面和艺术形象,回顾记忆中的经典时刻!
游学任务	1. 在豫园微缩主题场馆中,找到一处体现抵抗外敌的爱国主义历史事件。 2. 在豫园微缩主题场馆中,完成三个体现历史事件或场景的互动游戏。 3. 在豫园商街的实景中,找到三处历史文化保护建筑或非物质文化遗产。 4. 在城市记忆展演秀中,找出最代表上海精神的物品。 5. 记录哈哈镜的成像原理。 6. 根据游学手册,书写游学日志,形成游学总结报告。

从以上活动安排中可以窥见,社会力量对于开展学生社会实践活动的独特优势。有成熟完备的活动策划方案、丰富的实践基地资源、专业的工作人员,保障活动的完整性、有效性和趣味性。活动采取主题探究、任务驱动的方式,带领学生到基地资源单位去实施课程。方案中既有本地历史文化与物质资源,又巧妙融入学科知识,激发学生的积极性,学生在喜爱的活动中学习,在活动中得到锻炼,有效提升了学生的综合素质。社会基地资源的开发也大大促进了学生走进周边世界,形成关心社会、融入社会的亲社会心理倾向。这是学校单凭一己之力无法实现的资源整合。

5. 社会是大课堂

社区是指聚集在一定的地域范围内的人们所组成的社会生活共同体,是城市的"细胞"。每个社区都有其特有的地域资源、人口资源、物质与精神文化资源。学校是社区中的教育机构,存在于社区,受社区影响,也最终服务于社区。充分挖掘、整合社区中的资源,把社区资源转化为学校教育的力量,是创新人才培养模式、实现育人目标的重要途径之一。

退伍老兵宣讲,绽放生命之花

或许每个社区都有这样的"宝藏"——经历过战争与时代的洗礼,为社会主义建设的伟大事业奉献过青春的老兵们。在得知社区组建了退伍老兵宣讲团时,我们迫不及待地联系了宣讲团,有幸邀请到了宣讲团成员王一杰——一位参与过抗美援越战役的退役铁道兵战士,为学生们讲讲他的人生经历。王一杰老人的人生是精彩的,他经历过战场的硝烟,在枪林弹雨中为国奉献赤子之心;战争结束后参与全国铁路建设,与战友们用汗水为铺就新中国的铁路助力;退役后进入国有企业工作,尽职尽责、兢兢业业;退休后积极参与社区志愿服务,成为宣讲团的一员,为培育年轻一代的爱国情怀贡献力量。

老人即使到了知天命的年纪也依旧精神矍铄,身着军装的王一杰老人一入会场就迎来了学生热烈的掌声与起立致敬。整场宣讲,学生认真聆听,不时为战争岁月将个人生死置之度外的豪情而动容,为社会主义事业建设的砥砺奋进而感动。这样一种油然而生、由心而发的敬重钦佩与爱国豪情不是课堂教学能够产生的，是当时的场景氛围已然携带了德育的力量。这是亲历者才能实现的共情力量，也是最好的德育资源。

参与阅兵的祖孙，信仰的传承

2019 年是中华人民共和国成立 70 周年，全国人民亲眼见证了天安门前盛大的阅兵仪式。但很少有人知道，松江也有一位年轻军人张豪参与了本次阅兵，更难得的是，他的爷爷张松明老人，在 51 年前曾参与国庆 19 周年阅兵仪式。在社区人员的多方联系之下，我们有幸邀请了参与阅兵的祖孙俩来校与学生代表交流。张豪提到成为一名军人是因为从小受到爷爷的影响，爷爷张松明从小就教育他"作为解放军，要不畏艰苦"。也正是凭借着这样的信念，支撑着张豪度过了阅兵前长达 3 个月的魔鬼训练。日复一日高温下的训练，衣服湿了又干、干了又湿，也没有动摇过、退缩过。

人类生命的接续不仅在于肉体生命，更在于精神的传承。祖孙俩的经历是一个很好的家风传承的例子。不仅是对军人职业的光荣感、对国家的热爱，还有面对困难咬牙坚持、迎难而上的勇气品质，在他们身上，我们能看到传承的力量。

党史宣讲团，追溯红色像章

2021 年是中国共产党成立 100 周年，学校开展党史教育学习活动，有幸获得中山街道的支持，邀请到了一位中山街道居民、党史宣讲团成员——有着 50 多年党龄的共产党员李永辉老师。李老师是一位红色像章收藏爱好者，几十年来收集了上千枚红色像章，每一枚像章背后都是一个红色故事。李老师现场向同学们展示了他所收藏像章中的至宝——一套由 19 枚像章组成的胜利像章。日出韶山、秋收起义、长征、遵义会议，李老师结合一枚枚像章为学生们讲述了中国共产党和毛泽东如何追求真理，怎样领导中国人民冲破层层黑暗，抛头颅、洒热血，经过浴血奋战取得了新民主主义革命的伟大胜利。对于这些"00 后"学生来说，书本上的文字无法传递出百年前的峥嵘岁月，身边也没有历史的见证者向他们讲述过往。第一次见到红色像章，学生们充满好奇，不断向李老师提问。从真实的互动中，从亲眼所见、亲耳所听中将党史具象化，将红色基因根植于心。

国防大学研究生开展党史讲座

国防大学是中共中央军事委员会直属的中国最高军事学府，副战区级别，是中国军队高级任职教育的一所综合性联合指挥大学，主要校区在北京和南京。鲜为人知的是，这所大学在松江也有分校区。正值中国共产党建党百年之际，我校通过挖掘本地社区资源，邀请了国防大学政治学院的研究生为六年级学生开展党史讲座。讲座主要讲述了松江第一位共产党员侯绍裘的人生经历，国防大学的主讲人采用图文讲解、现场表演和师生互动等形式，让在场的学生了解侯绍裘先生一生的追求，以及他作为一名中共党员的初心、使命和担当。

此次和国防大学的合作让我们看到了对于学生政治启蒙与军事教育的更多可能与价值，今后也将继续深化合作。

亲清养老院看望老人

学校教育不仅依靠社区资源，也需要反哺于社区。为培养学生关爱他人的心理品质，塑造负责任的品格，我校在重阳节来临之际，组织优秀少先队员代表前往松江亲清养老院看望老人，开展"听老人话人生"活动。

　　队员们自发准备了鲜花、水果赠予老人。三位老人分别有着不同的人生经历。一位退休前曾任职火车司机,这项特殊职业让同学们充满了好奇,老人说起作为火车司机的责任支持着他在长达十几个小时的车程中不断加煤增加火车动力,而火车最终到达终点,看到人们在车站与亲人团聚的欢笑,这时是他最有成就感的时刻。一位老人出生在新中国成立前,家境贫寒还有 4 位兄弟姐妹需要他照顾。老人从十几岁便开始在纺织店帮工,大冬天冷水洗衣更是家常便饭,然而老人通过自身的才智和努力,学习财务知识,慢慢从小作坊的会计变为后来大工厂的财务,通过自身的勤奋工作改变了自己和家人的生活环境。

　　老人们的人生经历各有不同却各有收获,同学们认真聆听老人们的故事,与老人们提问攀谈,从交流中开拓了他们的视野,更深深地了解到生命的意义。当人们为生活而努力,面对生活中的艰难考验,不抛弃、不放弃,为家庭的美好和社会的发展贡献自己的力量时,就是在用认真、勤劳、责任绘制出自己独特的生命价值。

　　社区如同一座未被开采的资源宝库,期间蕴含着大量物质与精神财富,隐藏着丰富的人力资源。只有扩大社区合作,充分挖掘、整合与转化社区资源,才能用好家门口的教育力量,最终通过教育反哺于社区。

后　记

复盘最大的价值是启动了管理者的自省,觉察自己的短板,通过快速矫正和优化,提高能力,改变惯有的工作模式。

——《复盘＋：把经验转化为能力》

原本没有著书的自信,导师和几位同事们鼓励说,就当成对这两年工作的复盘吧。人多力量大,两天的时间,几位同事帮助我把两年来各种会议的发言讲话及培训文稿,制定的学校规划、制度,设计的课程方案以及学校各种活动档案汇集在一起,居然也有十余万字。

随着复盘的进行,我把这些文稿、档案进行了逻辑上的重组,形成初稿。初稿完成后,我的第一感受是越发"敬畏",敬畏于"教育是科学"的专业观,敬畏于赋能学生成长的使命,敬畏于引领学校发展的责任。

另一种感觉是"畅快"。畅快于在这段时间里集中阅读了大量的书籍,有教育类、管理类、社会学类等,还会就某一问题求根溯源,比如就"全场景"的研究,追溯到芝加哥流派的源头。我有幸拥有单慧璐博士这一读书伙伴,我们同买一本书,通常1—2天读完,然后交流心得,萃取精华。这一过程帮助我不断丰富和完善支撑我立说的方法论,让行动上的偶然不断进化为逻辑上的必然。

还有一大"畅快"是时间上的高效。基于OKR的复盘是有时间节点的要求,不是强压自己,也不是忽略其他,而是科学地管理和规划时间。

我还"畅快"于学会了几项新的技能,如书稿的梳理与编辑、文献的查找与分析等。

"畅快"过后就是由衷的感谢:感谢单慧璐女士,可贵的共研伙伴;

感谢董楠、李文艳、胡晓菲老师帮助整理、校对文字;

感谢赵伟校长,以几十年深耕集团化办学的经历和经验,给予我思路的梳理;

感谢杨四耕教授在课程、科研、文化等诸多领域的专业化引领;

感谢教育部校长培训中心,感谢季洪旭校长、潘建荣校长——恩师传道、授业、解惑;

更要感谢学校这片沃土,孕育着教育哲学;感谢全校教师、学生和家长,是你们快速地响应学校的文化并付诸行动。

希冀这片场域愈加生机勃勃!

跋

"上善若水,水润花开"。任丽菊校长常讲:"在我看来,所有从事
⬛⬛⬛⬛所有的教育参与者都应该如水一般,而我们的学生如花,
⬛⬛⬛⬛⬛⬛水是生命的源泉,上善若
水,水善利万物而不争;水总是在积蓄和释放前行的势能;水在遇到
暗礁时总能激起最美丽的浪花……

任丽菊校长说,她从小喜欢水。2018 年她作为人才引进项目的
受益者,成为上海市松江区教育系统的一名新兵,这里有"海"有
"江",任丽菊校长也算入海入江,如鱼得水,如愿以偿。作为上海市
松江区教育系统中的一名新任校长,在工作实践中,她一直在思考,
不停在追问:什么是教育? 什么是好的教育? 应该怎样做好教育?
这些使她联想起了水、江、海!"海纳百川,追求卓越",这是上海城市
精神,我想,这也是对"水、江、海"最好的解读,只有积小流成江河,才
会有"百舸争流,千帆竞发"的勃勃生机;只有纳川成海,才会有"长风
破浪会有时,直挂云帆济沧海"的壮丽诗篇。

赋能教育,就要积蓄教育的势能,推动教育发展就要激发教育的
动能,作为一位上海市松江区的校长,就要积聚教育的江,需要汇聚
教育的海,因为教育需要水的柔情,教育需要海的力量,在积蓄"势
能"和激发"动能"的不断转换中,传递知识、启迪智慧、润泽生命,践

行教育的理想!

　　本书是任丽菊校长从事教育工作以来(特别是近年任上海松江一中副校长兼松江茸一中学、松江立达中学校长以来),对工作的复盘与反思,其目的就是总结工作经验,理清工作思路,回归教育初心,探求教育本真,汲取教育智慧,积蓄教育能量,赋能未来,做更好的自己,做更好的教育,让每个遇见的生命出彩!

赵　伟

(江苏省高中数学特级教师,江苏省高中数学教授级高级教师,江苏师范大学硕士生导师,江苏省██████████████████中学管理委员会理事。2018年被聘为江苏省人民政府教育督导委员会专家组成员。曾任省重点中学校长、党委书记,江苏省优秀教育工作者。)